KB242505

드디어
시리즈

드디어 만나는
중국 신화

Illustrated Myths & Legends of China

by HUANG Dehai, XIANG Jing & ZHANG Dinghao
Copyright © Shanghai Press & Publishing Development Co. Ltd., 2018
All rights reserved.

This Korean edition was published by Hyundae Jisung Publishing Co., Ltd. in 2026
by arrangement with Shanghai Press & Publishing Development Co., Ltd.
through KCC(Korea Copyright Center Inc.), Seoul.

이 책은 (주)한국저작권센터(KCC)를 통한 저작권자와의 독점계약으로
(주)현대지성에서 출간되었습니다. 저작권법에 의해 한국 내에서 보호를
받는 저작물이므로 무단전재와 복제를 금합니다.

천지개벽부터 하나라 건국까지, 오늘의 중국을 만든 최초의 이야기

드디어 시리즈

드디어 만나는 중국 신화

황더하이·샹징·장딩하오 지음

이유진 옮김

현대
지성

일러두기

- 책 제목은 『 』, 편 제목은 「 」, 미술 작품 및 노래 제목 등은 〈 〉로 표기했다.
- 한자는 처음 나올 때 한 차례만 병기하는 것을 원칙으로 하되 필요한 경우 중복 병기했다.
- 인명은 몰년을 기준으로 신해혁명(1911) 이전의 인물은 우리 한자음을, 그 이후 인물은 현대 중국어 발음을 따랐다.
- 지명은 가독성을 위해 우리 한자음으로 표기하되 이미지 캡션에서는 구체적인 지역 설명을 위해 중국어 발음을 따랐다.
- 모든 각주는 옮긴이 주다.
- 원문에는 독자의 이해를 돕고 신화적 상상력을 자극하기 위해 중국의 유물·유적 이미지와 현대 작가의 일러스트가 함께 수록되어 있다.

"태초에 하나님이 천지를 창조하시니라."

서양 세계관의 출발이 되는 문장이다. 여기서 '하나님'을 '반고'로 바꾸는 순간 전혀 다른 문명, 곧 중국의 서사가 시작된다.

우리는 중국을 숫자와 뉴스로만 이해하려 한다. 그러나 한 문명을 이해하는 일은 그들이 "세상을 어떻게 상상해왔는지"를 아는 데서 출발한다. 신화는 허구가 아니라 세계관의 뿌리이기 때문이다.

이 책을 따라가다 보면 중국인들이 인간과 자연, 질서와 권력을 어떻게 이해해왔는지가 점차 선명해진다. 그리고 지금 우리가 마주한 중국은 어디에서 왔는지를 묻게 된다. 중국을 이해하지 않고는 동아시아의 미래를 말할 수 없다. 이 책은 그 출발점이 되어줄 것이다.

_최태성(역사 커뮤니케이터, 별별한국사연구소장)

중국은 동양을 대표하는 문명을 이루어왔다. 예로부터 스스로 세계의 중심이라 생각해 나라 이름도 '중국中國'이라 했다. 많은 학자들은 중국의 힘이 '외유내법外儒內法'에서 온다고 한다. 겉으로는 공자와 맹자의 유가儒家 사상을 표방하지만, 중국 사회를 움직이는 힘은 법가法家에서 온다는 것이다. 더불어 중국은 유구한 시간 속에 사기와 삼국지 등의 고전, 음양오행설과 이기로 우주를 설명하는 형이상학적 성리학까지 놀라운 성과를 거두어왔다.

이들의 밑바탕에는 중국 문명의 원초적인 힘이 있다. 그 힘은 신화에서 나온다. 서양은 물론이고 중국도 마찬가지로 모든 인류 지성의 뿌리에는 신화가 있다. 온몸을 우주에 내어준 반고로부터 천하 만물이 시작되고, 염제와 황제로부터 본격적인 문명이 펼쳐지는 중국 신화의 상상력과 서사를 빼고는 이 거대한 나라를 제대로 이야기할 수 없다. 이 책을 통해 중국 신화를 만나면 비로소 오늘날의 중국을 더 넓고 깊게 볼 수 있을 것이다.

_김헌(서울대학교 인문학연구원 교수)

시대마다 다시 쓰이는 신화

❦

중국 신화는 매우 다채롭습니다.

신화는 사람들의 의식을 묶고 문명 공동체로 성장시킵니다. 중국 신화 속 반고, 여와, 신농, 대우와 같은 신적인 존재, 영웅적 인물의 용맹한 행위와 미덕은 중국에서 널리 칭송받아왔습니다. 덕을 숭상하는 중국 문화에서 이들의 이야기는 구전되고 전승되며 중화민족의 정신을 빚어냈습니다.

과학과 이성이 세상을 지배한 지 수백 년 이상 지났음에도 아무리 몰아내려 해도 사라지지 않는 것들이 있습니다. 아마 그것들 자체에 독특한 에너지가 깃들어 있기 때문일 겁니다. 마치 신화가 오늘날 자취를 감추기는커녕 도리어 문학과 예술에서 무성히 번성하고 끊임없이 재해석되는 것처럼 말입니다. 신화는 지나가버린 오래된 유물이 아니라 우리와 밀접하게 연결된 '멀리 있는 자아'라고 볼 수 있습니다.

중국 신화에는 고대 중국의 다양한 옛이야기가 담겨 있습니다. 이 이야기들은 입에서 입으로 전해지며 세대를 건너 살아남아 간결하고 명확한 형식으로 사람들의 삶에 스며들었습니다. 인류의 먼 조상은 혼돈의 세계에서 무리를 이루고, 거주하기에 알맞으며 음식이 풍부한 곳을 찾고, 야생 짐승들과 서로 쫓고 쫓기며 살아왔습니다. 그들은 머무르던 지역에서 벗어나 조심스럽게 강을 건너고, 산에 올라 너른 바위에서 사방을 둘러보고, 숲을 벗어나 들판에서 뜨거운 태양과 주룩주룩 내리는 빗줄기, 겨울에는 차디찬 눈과 얼음을 경험했습니다.

시간이 지나며 이들에게는 삶을 꾸릴 지혜가 생겼고, 무리 내에는 사랑과 증오가 싹텄습니다. 작은 무리에서 점차 큰 부족으로 나아갔고, 도시국가로 성장했지요. 이 과정에 전쟁과 평화가 반복되었습니다. 물질적으로 풍족해지자 선과 악, 탐욕과 욕망, 징벌과 칭송에 관한 이야기가 생겨났습니다. 문명의 구석구석에 걸친 모든 것이 '이야기'의 형태를 이루었고, 이 모든 이야기가 모여 신화를 형성했지요.

신화란 무릇 각 시대 사람들에 의해 다시 쓰이며 끊임없이 변화합니다. 신화가 지닌 역동성은 바로 여기에 있습니다. 계승되고 해석되며 새롭게 생성되는 과정, 그 자체가 신화에 담긴 진정한 '함의'라고 할 수 있습니다. 후대의 모든 '다시 쓰기'와 대담하고도 절제된 '고쳐 쓰기'는 고대 신화가 끊임없이 창조되는 과정입니다. 이 과정에서 신화에 새로운 의미와 형태가 더해지고 끊임없이 재해석되며 신화는 그

자체로 생명력을 갖게 됩니다. 예를 들어, 과도한 욕망이 사회적 통념이 된 시대에 신화는 이와 관련한 교훈을 전달합니다. 중국 신화에는 건목建木이라는 세계수를 타고 하늘로 오르는 이들이 점점 늘어나며 이들이 스스로 신과 다를 바 없다고 생각하며 오만불손한 태도를 가지게 되었다는 이야기가 전해집니다. 이야기 속 인물들의 태도는 필연적인 징벌, 즉 하늘과 땅의 단절로 이어지지요. 이 이야기는 듣는 이에게 겸양의 미덕을 가르쳐줍니다.

그리스 올림포스산의 신들은 땅속 유물이나 바닷속 침몰선처럼 누군가 발굴해주기만을 기다린 존재가 아니었습니다. 호메로스와 헤시오도스처럼 뛰어난 시인들은 고대 그리스 신의 계보를 형성했습니다. 마찬가지로 베르길리우스와 오비디우스가 있었기에 고대 로마인들은 비로소 그들 신화의 기원을 확인할 수 있었지요. 우리는 그리스 로마 신화가 서양 문명의 유년기를 얼마나 생생하게 그려냈는지 이미 잘 알고 있습니다.

그러나 초기 중국 문화에 대한 대중 독자들의 이해는 일반적으로 공자와 노자에 그칩니다. 세계 문화 발전의 좌표로 분석해보면 공자와 노자가 활동하던 시대는 그리스 철학이 융성했던 시기와 겹칩니다. 노자가 사망한 시기가 소크라테스가 태어난 때와 거의 일치하지요. 중국에도 고대 그리스 도시국가나 로마 제국에 필적하는 풍부한 신화가 있었습니다. 중국 신화는 각 세대의 상상력과 내면의 세계를 확장해왔습니다. 이 책은 글과 함께 고대 중국의 다채로운 이미지를 담아 오래된 중국 신화를 간결하면서도 생생하게 그려내고자 애썼습니다.

책을 집필하는 데 있어 여러 연구자들로부터 많은 도움을 받았습니다. 중국 창세 신화에 대한 자오창핑趙昌平 선생의 학술 연구, 그가 뤄위밍駱玉明과 왕융하오汪涌豪 선생과 함께 집필한 『중화창세기中華創世記』를 요긴하게 참고했기에 특별히 감사 인사를 전합니다.

차례

1부 ◆ 탄생
하늘이 열리고 인간이 등장하다

2부 ◆ 도약
불과 도구로 문명을 일구다

3부 ◆ 위기
재앙에 맞서 삶의 터전을 수호하다

4부 ✦ 질서
홍수를 종식시키고 나라를 세우다

1부 ✦ 탄생

하늘이 열리고
인간이 등장하다

혼돈의 처음은 본래 아무런 기록이 없다네.

하늘과 땅이 열리던 때 영웅을 노래한 시가 나왔다네.

사해四海를 둘러보니 무수한 신과 괴물이 있었고,

광활한 중원中原에는 경이로운 이야기가 수천수만이네.

구주九州가 처음 형성되니 문명의 시작이라.

중화中華의 창세 신화,

펼치는 장마다 비할 데 없이 훌륭하도다!

혼돈으로부터
하늘과 땅을 연 반고

　태초에 천지는 혼돈 덩어리였습니다. 온통 어둠으로 뒤덮여 끝없는 공허 속에 거대한 검은 알이 하나 놓여 있었지요. 그것은 혼돈 속에 조용히 존재하는, 세상을 개벽할 힘을 가진 원기 '반고盤古'였습니다. 반고는 싹이 트기 전의 씨앗처럼 아무런 방해도 받지 않고 그저 묵묵히 자랐습니다.

　그렇게 1만 8,000년이 지나자 그 원기元氣가 서서히 움직이더니 불현듯 틈이 생기기 시작했습니다. 이 틈은 처음에는 아주 미세하게, 느린 속도로 벌어졌습니다. 그러다가 갑자기 미세한 진동이 생기더니, 틈이 벌어지는 속도가 빨라졌습니다. 틈새에서 나던 맑은 소리는 점차 둔탁한 소리로 바뀌었고, 곧이어 눈 깜짝할 사이에 혼돈이 둘로 갈라졌습니다.

❖ 세상을 연 반고

중국 현대 작가 펑위안馮遠의 작품. 반고는 칠흑 같은 어둠 속에서 깨어나 하늘과 땅 사이
에서 밤낮으로 자라나며 날마다 여러 번 변했다. 반고는 흔히 그리스 로마 신화 속 아틀라
스처럼 땅에 우뚝 서서 하늘을 떠받치는 거인으로 묘사된다.

드디어 만나는 중국 신화

가볍고 맑은 부분은 천천히 위로 올라가 하늘이 되었고, 무겁고 탁한 부분은 천천히 아래로 내려와 땅이 되었습니다. 마치 병아리가 알을 깨고 나오듯이 하늘과 땅이 나뉘면서 반고도 깊은 잠에서 깨어나 몸을 가볍게 쭉 뻗었습니다. 그러자 그를 피하듯 허공이 갑자기 흔들리며 하늘은 더 위로 올라가고, 땅은 아래로 더 내려갔습니다.

깨어난 반고는 하늘과 땅 사이에서 점점 자라났습니다. 하늘은 날마다 한 길씩 높아지고 땅은 날마다 한 길씩 두터워졌으며, 반고도 날마다 한 길씩 키가 자랐습니다. 놀랍게도 하늘이 점점 밝아지고 땅이 점점 단단해짐에 따라 반고도 하루에 아홉 번씩 변했습니다.

반고는 때로는 구름처럼 자유롭게 떠다니고, 때로는 굳은 점토처럼 단단해졌다가, 때로는 풀과 나무처럼 부드러워졌고, 때로는 별처럼 찬란히 빛났고, 때로는 보석처럼 눈부시게 반짝였습니다. 때로는 곤충처럼 바닥을 기어다니기도 했지요. 반고의 신비함과 성스러움, 변화무쌍함은 끊임없이 변화하는 하늘과 땅을 능가했습니다.

그렇게 다시 1만 8,000년이 흘러 하늘은 아주 높아지고 땅은 몹시 단단해졌습니다. 그 사이에서 반고는 땅을 딛고 하늘을 떠받친 채 상상을 초월할 만큼 거대하게 성장했습니다. 하늘과 땅 사이 9만 리, 반고의 키도 그만큼 자랐다고 전해집니다.

반고가 이따금 피곤해져 몸을 살짝 굽히면 바로 천지가 흔들리며 다시 합쳐지기라도 할 듯 땅은 위로 솟고 하늘은 아래로 내려왔습니다. 그러면 반고는 정신을 차리고 다시 일어서서 하늘과 땅 사이를 지탱했지요. 흔들림이 잦아든 뒤에 하늘은 조금 기울어졌고 땅은 울퉁

불통해졌습니다. 반고는 하늘의 기운 부분이 계속해서 아래로 내려올까 봐 두려웠습니다. 그래서 그는 힘과 용기를 내 커다란 산을 두 개 쌓아 기울어진 하늘을 받쳤습니다.

하늘과 땅 사이 유일한 생명체인 반고가 기쁠 때면 하늘이 밝아졌고, 화날 때면 하늘이 어두워졌습니다. 반고가 눈을 크게 뜨고 사방을 둘러보면 번개가 번쩍였고, 기뻐서 소리를 지르면 천둥이 쳤습니다. 반고가 땀을 흘리면 온 하늘에서 큰비가 쏟아졌습니다. 반고가 한숨을 길게 내쉬면 그 기운이 바람과 구름으로 변했지요.

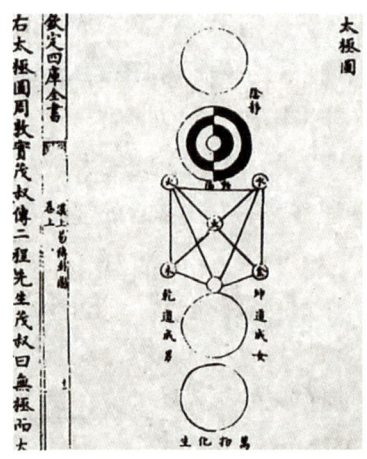

❖ 『태극도설太極圖說』

고대 중국인들은 하늘과 땅, 해와 달, 낮과 밤, 추위와 더위, 위와 아래, 남자와 여자 등 자연계에서 서로 대립되는 현상을 음과 양의 개념으로 이해하고, 그 원리로 세계의 변화를 해석했다. 송나라 철학자 주돈이周敦頤는 『주역周易』 「계사전繫辭傳」에서 영감을 받아 『태극도설』이라는 철학 저작을 남겼는데, '태극'이 우주의 근원이고 사람과 만물은 모두 음양의 이기二氣와 화수목금토 오행五行의 상호 작용으로 구성된다고 여겼다.

드디어 만나는 중국 신화

그는 때때로 고독함과 쓸쓸함에 눈물을 흘렸고, 그 눈물은 강을 이루었습니다. 때로는 용으로 변하는 꿈을 꾸기도 했습니다. 용이 된 반고가 드넓은 하늘과 땅 사이를 노닐다가 이따금 까마득하게 높은 창공으로 날아오르면 하늘은 파란빛에서 짙은 쪽빛으로 바뀌었습니다. 더 높이 올라가면 하늘빛은 끊임없이 변했지요. 이때가 되면 반고는 깜짝 놀라 꿈에서 깨어났습니다.

음과 양의 기운이 쉴 없이 바뀌며 셀 수 없이 많은 시간이 흘러갔습니다. 긴 시간이 흐른 만큼 반고도 나이가 들어 허리가 굽을 정도로 늙었습니다. 다행히도 이때는 하늘과 땅이 거의 안정되어 있었습니다. 반고의 키가 조금 줄어도 하늘과 땅은 흔들리기만 할 뿐 서로 붙어버리지 않았지요.

그렇게 오랜 시간이 지나자 반고의 몸은 해체되기 시작했습니다. 온몸의 각 부분이 잇달아 분리되었고, 정기는 땅속으로 스며들었습니다. 왼쪽 눈은 태양이, 오른쪽 눈은 달이 되었습니다. 머리카락과 수염은 별이 되었지요. 팔다리와 몸통은 대지의 동서남북 사방 끝과 오방의 명산으로 변했습니다. 피는 강이, 힘줄은 길이, 근육은 논밭이 되었습니다. 피부의 털은 풀과 나무, 이와 뼈는 금속과 돌, 골수는 진주와 옥으로 변했습니다.

반고는 숨을 거두며 세상의 형태로 조금씩 변했습니다. 세상의 사물 하나하나는 모두 반고의 몸에 있던 정기를 나누어 가졌을 뿐만 아니라, 반고가 애초에 하늘과 땅 사이에서 그랬던 것처럼 왕성하게 생장하며 각자의 생로병사를 겪기 시작했습니다.

다시 기나긴 시간이 흘렀습니다. 땅속으로 파고든 반고의 정기가 하늘과 땅의 정수를 흡수해 점점 자라나면서 형태를 갖추더니, 어느 날 땅 아래에서 무언가 불쑥 솟아올랐습니다. 정수리에 이어 머리와 오관五官(시각, 청각, 후각, 미각, 촉각의 오감을 불러일으키는 눈, 귀, 코, 혀, 피부의 다섯 감각 기관)이 생기더니 거대한 사람의 두상이 지면 밖으로 나왔습니다.

그 거대한 머리는 처음에는 눈을 가늘게 뜨고 앞을 바라보다가 햇빛에 적응되자 땅 위의 모든 것을 한눈에 담을 기세로 눈을 번쩍 뜬 채 사방으로 회전하기 시작했습니다. 곧이어 머리 아래의 기다란 몸이 지면을 뚫고 나오며 주변 흙이 무너져 내렸습니다. 갑자기 그 머리와 몸이 땅 위로 솟구치더니 공중에서 노닐기 시작했습니다. 사람의 얼굴에 뱀의 몸을 한 형상이었습니다.

드디어 만나는 중국 신화

❖ 여와를 묘사한 막고굴 제285굴 벽화

중국 간쑤성 둔황敦煌에는 '막고굴'이라는 세계 최대 규모의 불교 석굴 유적이 있다. 그림은 막고굴 제285굴 동쪽 천장 경사면의 벽화다. 중앙에 두 명의 인물이 마니보주寶珠摩尼(용의 뇌에서 나왔다 여겨지며 불행과 재난을 없애고 더러운 물을 맑게 해준다는 진귀한 구슬)를 높이 받들고 있다. 마니보주의 양쪽에 그려진 복희와 여와는 모두 사람 머리에 뱀의 꼬리를 하고 있으며, 복부에 둥근 원반이 그려져 있다. 복희는 자와 먹통을, 여와는 컴퍼스를 들고 있으며 둘 사이에 구름과 꽃이 배치되어 있다.

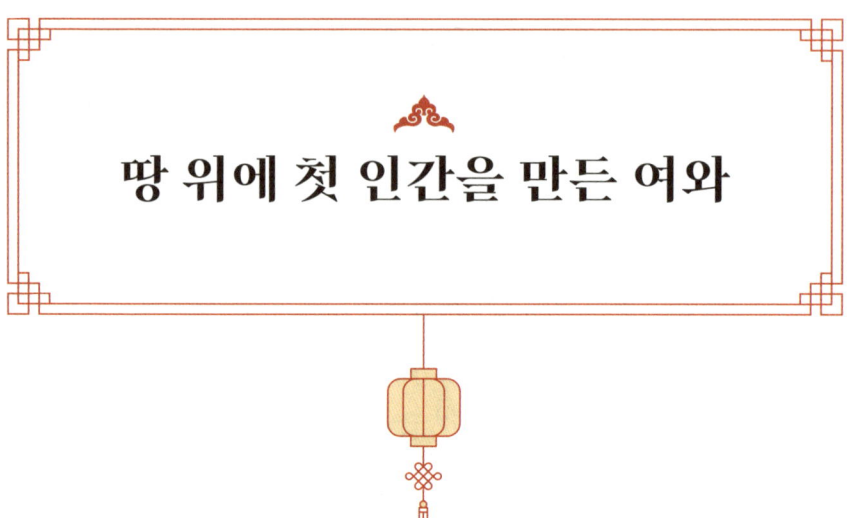

땅 위에 첫 인간을 만든 여와

사람의 머리와 뱀의 몸을 한 이 신은 반고의 정기를 받고 하늘과 땅의 정수를 흡수해 탄생했으며, 훗날 사람들은 그녀를 '여와女媧'라고 불렀습니다.

여와가 땅에서 나왔을 때, 드넓은 세상에는 아주 오래된 원시의 분위기가 맴돌았습니다. 해가 동쪽에서 뜨고 서쪽으로 지는 소리가 들릴 정도로 사방이 고요했지요. 대지에는 거대한 짐승들이 내달렸고 하늘에는 거대한 새들이 날아다녔습니다. 강은 있었지만 아직 물이 흐르지는 않았는데 이따금 큰 물고기가 수면으로 뛰어오를 때면 우렁찬 물보라가 고요를 깨뜨리며 하늘과 땅이 밝아졌다가 곧이어 다시 잠잠해졌습니다. 맑은 물이 겹겹이 일렁였지요.

처음에 여와는 외롭지 않았습니다. 세상은 매우 넓고 신기한 것으

드디어 만나는 중국 신화

로 가득했지요. 여와는 하루에 일흔 번이나 변신할 수 있었습니다. 그녀는 한순간 사자나 호랑이로 변해 온갖 짐승과 더불어 춤을 추다가, 다음에는 봉황으로 변해 온갖 새들과 어울려 노래했습니다. 그러다가 강으로 들어가 용과 노닐기도 했지요. 사나운 바람이 몰아치며 큰비가 올 때면 순식간에 나무로 변신해 광야에 우뚝 선 채 태곳적 자연의 소리에 귀를 기울였습니다.

호기심이 발동할 때면 풀벌레가 되어 낮게 날아다녔고, 때때로 여치가 되어 날개를 떨기도 했으며, 개구리가 되어 개굴개굴 울기도 했지요. 심지어 아름다운 소리로 변하기도 했습니다. 여와의 힘은 끊이지 않았습니다. 태초의 시공간은 정해진 때 없이 열리고 닫혔는데, 여와가 오면 시공간이 열려 만물이 흔쾌히 그녀에게 모습을 드러냈다가 여와가 떠나면 시공간이 닫혀 다시 황폐한 상태로 돌아갔습니다.

시간은 빠르게 흘렀습니다. 여와는 세상의 모든 동물로 다 변신해 보았지요. 그러자 그녀의 왕성한 호기심과 열정은 점점 사그라들었습니다. 여와는 더 이상 무엇으로도 변하지 않고 그저 긴 뱀의 꼬리를 늘어뜨린 채 하늘 아래에서 돌아다녔습니다. 그녀의 마음에는 점차 욕망과 의지가 싹텄고, 곧 손으로 무언가를 만들고자 하는 열망이 일었습니다. 하지만 주위에 아무도 없었기에 그 욕망과 열정을 털어놓을 방법도 없었습니다. 여와는 점차 세상의 황량함을 깨닫고 외로움을 느꼈습니다. 무언가 중요한 것이 빠져 있는 듯했지요. 그녀는 강기슭에 머물며 물에 비친 자신의 모습을 넋 놓고 바라보았습니다.

그러던 어느 날, 물고기 떼가 강을 지나가며 물에 비친 여와의 그림

❖ **중국 고대 유적에서 발견된 복희와 여와 그림**

중국 투루판 지역의 아스타나 고분에서 출토된 그림. 땅속에 스며든 반고로부터 생명의
정수를 흡수한 여와는 진흙으로 인간을 빚어 새 생명을 불러왔다. 왼쪽이 여와, 오른쪽이
뒤에서 살펴볼 신 복희다. 둘은 중국 신화에서 종종 남매 또는 부부로 묘사된다.

자를 일렁이게 했습니다. 물속에서 일렁이는 자기 자신을 바라보던 여와는 머리가 복잡하고 마음이 무거워졌습니다. 대단한 일을 해낼 것 같았지만 그 일이 무엇인지는 자신도 알 수 없었지요.

무언가를 해야겠다고 마음먹은 여와는 강가로 내려가 황토를 한 움큼 쥐었습니다. 그리고 그 진흙을 물에 개어 힘껏 반죽을 시작했지요. 황토는 차츰 형태를 갖추어 나갔습니다. 계속해서 반죽하자 황토에 오관과 칠규七竅(사람 얼굴의 눈, 귀, 코, 입에 있는 일곱 구멍)가 생겨났는데, 그 모습이 여와와 비슷했습니다.

여와는 점점 형태를 갖춰가는 황토를 보며 가슴이 뛰었습니다. 그녀가 두 손을 더 빠르게 움직이자 황토에 상반신과 두 팔이 생겨났습니다. 하반신을 빚을 차례가 되자 자신의 뱀 꼬리를 유심히 보던 여와는 숲속에서 뛰어다니던 원숭이를 떠올리며 다리를 빚었는데, 다만 원숭이보다 조금 더 굵게 만들었습니다.

황토로 인간 형상을 완성한 여와는 그것을 잠시 땅에 내려놓고 자세히 바라보며 미소를 지었습니다. 그 작은 인간은 살아 있는 듯 생생했지만 여와는 여전히 무언가 부족하다고 느꼈습니다. 눈살을 찌푸린 채 골똘히 생각한 끝에 그것이 무엇인지 깨달았지요. 여와는 작은 인간의 콧구멍에 대고 숨을 길게 내쉬었습니다. 그러자 머리가 맑아지고 마음도 한결 가벼워졌지요.

그녀가 숨을 불어넣자 황토로 만든 작은 진흙 인간이 놀랍게도 피와 살을 지닌 인간으로 변했습니다. 그렇게 생명을 얻은 인간은 소리치며 기뻐서 깡충깡충 뛰다가 멀리 떠나버렸지요.

❖ T자형 백화帛畵

1972년 후난성 창사시長沙市 마왕퇴馬王堆 1호 묘에서 출토된 비단 그림으로, 묘지 내관을 덮고 있었다. 위에서부터 차례로 천계, 인간계, 지하계를 나타낸다. 상단의 가장 넓은 부분인 천계에는 오른쪽 위 모서리에 붉은 태양이, 태양 안에 금오金烏가 있다. 태양 아래 나무에는 8개의 태양이 더 보인다. 왼쪽 위 모서리에는 초승달이 있는데, 달에는 두꺼비와 옥토끼가 있고 달 아래에는 달을 향해 날아가는 항아가 보인다. 태양과 달 사이에는 머리를 풀어 헤친 인수사신人首蛇身(사람 머리에 뱀의 몸)의 천제天帝가 정좌하고 있다. 많은 학자들이 이 천제를 여와라고 여긴다.

드디어 만나는 중국 신화

여와는 흙을 빚어 인간을 만드는 과정에 큰 기쁨을 얻었고, 마음속 외로움도 누그러졌습니다. 자신이 만든 첫 인간이 멀어지는 모습을 지켜보던 여와는 다시 진흙을 빚기 시작했습니다. 그녀가 인간의 형상을 만들고 숨을 불어넣자 진흙 인간이 살아나더니 또 멀리 달려갔습니다. 살아난 진흙 인간의 기쁜 웃음소리가 시시각각 여와의 귀에 들려왔습니다.

여와는 점점 인간 빚기에 흥미를 느꼈습니다. 여와는 왼손과 오른손으로 각각 인간을 빚은 뒤 숨을 불어넣었습니다. 그러자 이상한 일이 일어났습니다. 두 손으로 빚은 사람은 음기와 양기를 모두 지니고 있었는데, 한 손으로 빚은 사람은 놀랍게도 기운이 나뉘었습니다. 왼손으로 빚은 사람은 천지의 양기에 감응해 남자가 되었고, 오른손으로 빚은 사람은 음기에 감응해 여자가 된 것이지요. 남녀 사람들은 여와의 주변을 한참 동안 맴돌며 진흙 빚는 모습을 지켜보았습니다. 어떤 이들은 여와에게 말을 걸었고, 다른 누군가는 서로 한참 소곤거리다가 기뻐하며 멀리 달려갔지요.

오랫동안 인간을 빚어낸 끝에 여와는 지쳤습니다. 그녀가 빚어낸 사람들은 단 하나도 곁에 남지 않고 모두 먼 곳으로 떠나버렸습니다. 여와는 새로 만든 사람들이 영원히 머무르지 않는다는 사실을 깨달았지요. 모두 결국 떠날 운명이었습니다. 그러나 여와가 빚어낸 첫 인간들도 몹시 외로워 보였습니다. 인간 세상에 활기가 넘치려면 더 많은 사람이 있어야 했습니다. 그러나 여와의 힘은 거의 바닥났기에 사람을 빚어낼 다른 방법이 필요했지요.

잠시 고민하던 그녀에게 뜻밖의 생각이 떠올랐습니다. 여와는 곧장 산으로 가서 등나무 덩굴을 자르고 강가로 내려왔습니다. 그 덩굴을 강물에 넣고 휘젓자 진흙과 물이 온통 뒤섞여 진흙탕이 되었지요. 여와는 진흙이 잔뜩 묻은 등나무 줄기를 공중에서 크게 흔들고는 흩어지는 진흙 덩어리에 숨을 불어넣었습니다. 땅에 떨어진 진흙 덩어리들은 모두 생기 넘치는 사람이 되었지요. 이들은 손으로 빚어 만든 사람보다 조금 작았지만, 여와가 내쉰 숨결을 나누어 가졌기에 지적 능력은 전혀 뒤처지지 않았지요. 여와는 즐거워졌고 등나무 덩굴을 끊임없이 흔들며 진흙 덩어리를 흩뿌렸습니다. 오래지 않아 대지는 사람의 자취로 온통 뒤덮였지요.

진흙으로 수많은 사람을 빚어낸 여와는 이제 일을 멈추었습니다. 먼 곳과 가까운 곳에서 뛰어다니는 사람들을 바라보며 여와는 고된 여정 끝에 찾아온 평안을 느꼈습니다. 동시에 피로감이 밀려왔지요.

드디어 만나는 중국 신화

여와는 긴 잠에 들었습니다. 그녀는 사람들이 풀과 나무를 엮어 거주지를 마련하고 활기찬 삶을 살아가는 꿈을 꾸었지요. 행복한 꿈에 미소를 짓던 여와는 퍼뜩 자신이 중요한 것을 잊었음을 깨닫고, 단잠에서 깨어나 어딘가 먼 곳을 응시했습니다.

❖ 〈**구룡도**九龍圖〉(일부)

중국 남송 말기 화가 진용陣容의 〈구룡도〉는 이른 시기에 그려진 진귀한 그림으로, 용이 파도와 구름에서 솟아올라 노니는 역동적인 모습을 통해 무궁히 변화하는 압도적이고 신령한 힘을 묘사한다.

비를 다스리고 구름을 만드는 용

중국을 비롯한 동아시아 문화권의 오래된 신화나 전설, 설화에는 용이 자주 등장합니다. 용은 주로 뱀과 같은 긴 몸에 매의 발톱, 사슴의 뿔과 물고기의 비늘을 가진 상상 속 동물이지요.

고대 중국인들에게 용은 가장 진귀한 동물이자 토템이었습니다. 그들은 용이 구름과 안개를 타고 솟아올라 온 세상을 날아다닌다고 생각하며 그 신비한 이미지에 환상을 품고 경외하는 동시에 정신적 지주로 삼았습니다. 용은 종종 사람들을 옳은 길로 이끌고 잘못된 일을 벌하는 신적 존재로 묘사되지요.

중국 신화와 문화 속에는 용이 빈번하게 등장합니다. 색에 따라 황룡, 청룡, 백룡, 적룡, 흑룡 등으로 나누었고, 비를 부르고 물을 다스리는 용은 응룡, 대자연의 섭리를 주관하는 용은 촉룡, 바다를 다스리는 용은 해룡 등으로 불렀지요.

하늘이 맺어준 결합

인류가 처음 창조된 직후, 어느 곳에도 정해진 이름이 없었고 사람들은 아무것도 없는 광막한 들판을 떠돌았습니다. 땅에서 나는 작물이 넉넉했기에 이들은 일할 필요가 없었습니다. 배고프면 손을 뻗어 나무 열매를 따고, 목이 마르면 고개를 숙여 흐르는 강물을 마셨지요. 피곤하면 산속 동굴이나 나무 구멍을 찾아 휴식을 취했습니다. 때때로 흥이 나면 무르익은 커다란 조롱박을 갈라 배처럼 타고 강과 호수를 떠다녔습니다. 큰 눈이 뭇 산을 뒤덮으면 마른 나무를 베어 그것을 타고 산들 사이를 자유롭게 오르내렸습니다.

여와는 아무런 근심 걱정이 없는 인간 아이들을 바라보며 꿈결에 어슴푸레 느꼈던 불안감을 잊은 채 온 우주에 퍼지는 생생한 기쁨을 누렸습니다.

그러던 어느 날, 한 아이가 눈 덮인 산에서 고꾸라져 바닥이 보이지 않는 절벽 아래로 떨어졌습니다. 그러자 함께 놀던 다른 아이들은 슬퍼하며 흐느끼기 시작했지요. 우는 이들을 마음 아프게 바라보던 여와는 어쩔 수 없이 물가로 가서 진흙으로 새로운 아이를 만들었습니다. 그제야 아이들은 울음을 그쳤지요.

여와는 미간을 찌푸리고 생각에 잠겼습니다. 마음속으로 막연히 알고 있던 중요한 문제가 현실이 되었기 때문이었습니다. 여와는 자신이 창조한 인간은 언젠가 생을 다한다는 사실, 그러나 끊임없이 새로운 인간을 만들어낼 수는 없다는 것을 깨달았습니다. 그 순간, 그녀는 무엇을 해야 할지 분명히 알았습니다.

❖ **쌍룡희주 비녀**

한 쌍의 용이 구슬을 가지고 노는 '쌍룡희주雙龍戱珠' 문양은 전한 시기부터 상서롭고 경사스러운 징조를 뜻하며 귀중하고 화려한 장식에 많이 쓰였다. 이 비녀는 청나라 건륭제 시기의 것으로 옛 중국 지역의 정교한 금속 세공 기술을 보여준다.

드디어 만나는 중국 신화

❖ 〈**궁악도**宮樂圖〉

궁중 여인들이 커다란 탁자에 둘러앉아 음악을 연주하는 모습을 그렸다. 일부는 차를 마시며 쉬고, 일부는 술을 마시며 노닐고 있다. 위의 네 사람이 악기를 연주해 흥을 돋우는데, 맨 왼쪽 사람이 부는 악기가 생황이다. 왼쪽 위에 서 있는 여인은 손에 박판拍板을 들고 박자를 맞추고 있다.

　　이튿날 여와는 생황笙簧을 만들었습니다. 생황은 조롱박의 반쪽에 13개의 관을 꽂아 만든 악기로 봉황 꼬리처럼 생겼는데, 각 관은 비밀스러운 세계로 연결되었습니다. 여와가 생황을 불자 여기저기 흩어져 놀고 있던 사람들이 하던 일을 멈추고 그녀 곁으로 모여들었습니다. 감미로운 생황 소리에 그들이 마음 깊은 곳으로 바라던 애정의 기운이 새어나온 것 같았습니다.

❖ 〈백조조봉도百鳥朝鳳圖〉(일부)

봉황은 전설 속에 나오는 모든 날짐승을 통솔하는 왕이다. 이 그림은 청나라 화가 심전沈
佺의 작품으로, 왼쪽 위 하늘을 나는 새가 봉황이다. 그밖에도 원앙, 까치, 기러기 등 중국
인들이 좋아했던 가지각색의 새가 묘사되어 있다.

여와가 계속해서 생황을 불자 암수 봉황이 날아와 그녀의 머리 위
를 맴돌며 뒤엉킨 채 서로 목을 기대고 춤을 췄지요. 용은 높은 구름
끝까지 치솟아 쌍쌍이 아름다운 여의주를 에워쌌습니다. 길짐승은 무
리 속에서 서로를 쫓고 놀았으며, 커다란 물고기가 수면 위로 힘차게
뛰어오르자 몸속에 품은 알들이 쏟아지며 '펑펑' 소리가 났지요. 풀과
나무가 제각기 커다란 꽃을 피워 공중에 꽃가루가 흩날렸습니다. 동
쪽과 서쪽의 큰 바위가 서로 호응하며 나는 소리가 메아리쳐 산골짜
기에 그윽하게 울렸습니다.

큰 산이 태양을 막고 마침내 밤이 찾아왔습니다. 번개가 떨어진 곳
에 불이 붙어 나뭇가지와 들풀이 타오르며 주변을 밝히고 사람들의

　　　　　　　　　　　　드디어 만나는 중국 신화

얼굴을 비췄습니다. 사람들은 생황 소리에 마음이 요동치기 시작했고, 따스한 불길에 뺨이 발그레 달아올랐습니다. 그들은 절로 춤을 추기 시작했습니다. 서로 손을 잡고 발을 구르고, 몸을 가까이 당겼다가 밀어내고, 미소지으며 바라보고, 껴안고 리듬에 취해 뒤섞이며 다른 모든 것을 잊었지요.

춤을 추고 난 뒤 즐거워진 남녀는 새로운 감정에 눈을 뜨고 얼굴을 붉힌 채 상대방과 손을 잡고 숲속 깊은 곳으로 들어갔습니다. 하늘에 가득한 별과 달이 천막이 되어주었고, 푹신한 풀이 침대가 되어주었습니다. 수줍은 소녀는 부들을 엮어 만든 부채로 얼굴을 가렸지요. 여와가 연주하는 아름다운 생황 소리에 맞춰 강물은 힘차게 흘렀고, 이슬은 활짝 핀 꽃을 적셨으며, 남녀의 혼사가 비로소 완성되었습니다. 사람들은 여와가 축복하고 하늘과 땅이 지켜본 이 혼사를 '하늘이 맺어준 결합'이라고 했습니다.

이 격정적인 기쁨의 날로부터 약 열 달이 지난 뒤, 우렁찬 울음소리와 함께 지상에 첫 번째 아기들이 태어났습니다. 사람들은 아기를 비바람으로부터 보호했습니다. 어른이 먹는 것은 먹이지 않았고, 야생동물이 접근하지 못하게 했지요. 아기의 희고 보드라운 작은 몸은 무엇도 견디어낼 수 없을 것처럼 여리게만 보였습니다.

아이가 태어나자 어른들은 바빠졌습니다. 그들은 새처럼 둥지를 마련했고, 물을 길었고, 장작을 패고 음식을 불에 익혀 먹었습니다. 새와 동물의 털가죽으로 아기의 몸을 덮어 보호하기도 했지요. 새로 태어나는 아기가 점점 늘어나자 땅에서 나오는 작물만으로는 식량이 부족해졌습니다. 이를 지켜본 여와가 흙에 씨앗을 심자 새로운 작물이 자라났습니다. 사람들은 땅을 일구고 여와처럼 씨를 뿌려 경작했습니다. 이때부터 인간은 스스로 번식을 하고 농사를 짓기 시작했습니다. 첫 번째, 두 번째, 세 번째 세대가 이어지며 인류의 씨앗이 대지에 퍼져 나갔지요.

여와는 창조를 통해 인류에게 생명을 주었고, 계시를 통해 번식을 일깨웠고, 경작과 노동까지 가르쳤습니다. 이제 정말로 푹 쉴 수 있을 것만 같았지요.

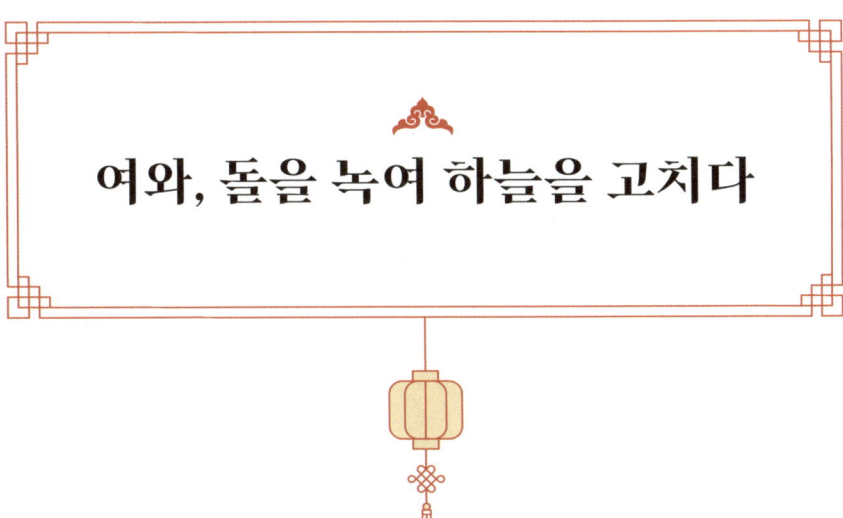

여와, 돌을 녹여 하늘을 고치다

인류는 대지에서 번식하고 번성하여 대대로 이어졌고, 지상에는 평화가 깃들었습니다. 사람들은 점차 경외감을 배웠지요. 그들은 물과 불, 산과 숲, 길과 동굴, 구석진 곳곳을 공경하면서도 두려워했습니다. 오랜 세월에 걸쳐 쌓인 이들의 경외감은 하늘의 신령인 '천신天神'과 땅의 신령인 '지기地祇'가 되었습니다.

천신과 지기는 처음에는 아무런 형상이 없었고 단지 하늘과 땅 사이를 떠다니는 은은한 기운이었습니다. 나중에 이 무형의 기운이 점차 응집되어 형태가 있는 신이 되었습니다. 여와가 노년에 접어들었을 때는 세상 거의 모든 곳에 신이 존재했지요.

처음에는 도처에 존재하는 여러 신들이 평화롭게 공존할 수 있었습니다. 그들은 각자 자신의 자리에 평안히 머무르며 그들에게 속한 인간으로부터 숭배를 받았습니다. 변화는 끊임없이 일어났는데, 인간의 경외감이 뜨겁게 타오르면 신의 몸집이 커졌다가 그 마음이 식으면 신의 몸집이 줄어들었지요. 인간의 숭배에 따라 신들 사이에 차츰 크고 작음의 차이가 벌어졌습니다.

긴 세월이 흐른 끝에 불과 물의 신이 크게 자라났습니다. 먼저 더 크게 성장한 것은 물을 관장하는 신 공공共工이었지요. 사람들은 강과 호수에서 헤엄치며 놀았을뿐더러 물고기를 비롯한 해산물도 얻었습

❖ 〈수산도搜山圖〉(일부)

고대 중국인들은 신적 존재를 묘사한 다양한 글과 그림을 남겼다. 그림은 송나라 때 작품으로, 신병神兵들이 산림 속의 요괴들을 수색하자 요괴들이 본모습 또는 여성으로 변해 황급히 도망치는 장면을 묘사했다.

드디어 만나는 중국 신화

니다. 그들의 경외감은 대부분 공공을 향한 것이었습니다. 그러나 여러 세대에 걸쳐 아이들이 태어나며 사람들은 익힌 음식에 익숙해졌고, 점차 불의 신인 축융祝融을 더 숭배하기 시작했습니다. 축융의 거대한 몸은 점점 더 커졌습니다. 축융의 덩치가 공공과 엇비슷해지자 공공은 크게 화가 났지요.

날이 갈수록 공공의 분노는 커졌습니다. 더 이상 화를 억누를 수 없게 된 공공은 축융에게 도전장을 내밀었지요. 곧이어 큰 전투가 벌어졌습니다. 거대한 두 신은 하늘과 땅을 오가며 아주 오랜 시간 치열하게 자웅을 겨루었으나 우열을 가릴 수 없었지요. 전투가 계속될수록 사람들의 마음은 축융에게로 기울었습니다. 축융의 몸집은 갈수록 커

졌고 그의 힘과 능력은 공공을 훨씬 넘어섰습니다. 이제 승부는 시간 문제였지요.

결국 축융에게 패한 공공의 분노는 꺼지지 않았습니다. 가슴에 화가 가득한 상태로 공공은 태초에 반고가 쌓았던 높은 두 산 중 하나를 들이받았습니다. 그러자 산이 두 동강 나고 무너져 내리며 땅이 크게 흔들렸습니다. 이 거대한 산은 더 이상 온전하지 않았기에 훗날 '부주산不周山'이라 불렸습니다.

산이 무너지자 하늘과 땅은 크게 흔들리기 시작했습니다. 이윽고 하늘에 큰 구멍이 뚫려 비가 쏟아졌지요. 땅은 한쪽으로 기울었고 용암이 솟구치며 큰불이 들과 숲으로 번지기 시작했습니다. 잠잠했던 강과 호수는 범람했지요. 날짐승과 들짐승, 큰 강에 살던 사나운 용은 두려움에 빠져 서로를 공격했습니다. 난리통에 많은 사람들이 달아나다가 목숨을 잃었습니다.

평온한 노년을 보내던 여와는 자신이 만든 인간들이 재앙을 겪는 모습에 마음이 찢어질 듯 아팠습니다. 그러나 재앙을 일으킨 신들은 인간의 경외감이 창조해낸 존재였기에 여와가 함부로 소멸시킬 수 없었습니다. 그녀는 상황을 종식하고 인간을 구해낼 다른 방법을 찾아야만 했지요.

여와는 다시 강으로 내려가 단단한 돌을 모으기 시작했습니다. 서로 다른 일곱 가지 빛깔의 돌들이었지요. 그녀는 이 돌들을 커다란 용광로에 넣고 녹여서 아교풀처럼 끈적하고 영롱한 빛의 액체로 만들었습니다. 그녀는 거듭된 일들로 피로감이 쌓였지만, 눈앞의 일을 끝까

드디어 만나는 중국 신화

❖ 부주산을 들이받은 공공

중국 현대 화가 스다웨이施大畏의 작품. 물의 신 공공과 불의 신 축융은 천지를 뒤흔들 정
도로 크게 싸웠는데, 결국 공공이 패배하고 분노에 차 하늘을 지탱하고 있던 부주산을 들
이받았다. 그러자 산이 두 동강 나고 하늘이 무너지며 큰 구멍이 생기더니 강이 흘러넘쳐
홍수가 발생했다.

지 마쳐야 한다는 사명감이 있었지요.

잠시 휴식을 취한 여와는 용광로에서 녹인 액체를 들고 높은 하늘로 날아올랐습니다. 하늘이 무너진 곳에서 큰비가 세차게 내리며 날카로운 칼날처럼 매섭게 여와를 찔렀습니다. 그러나 여와는 아랑곳하지 않고 녹인 돌로 하늘의 구멍을 조금씩 메우기 시작했지요. 비가 점점 줄어들더니, 이윽고 하늘이 다시 완전해져 장막처럼 땅을 덮었습니다. 여와가 하늘을 보수할 때 다양한 색의 돌을 녹여 사용했기 때문에 이후 하늘에서 드리워진 빛은 일곱 빛깔이 되었습니다. 비가 내린 뒤 뜨는 무지개가 바로 여기에서 비롯되었지요.

어떤 이가 자신의 몸을 아끼지 않고 눈부신 업적을 만들어낸 것을 중국에서는 '여와보천女媧補天'이라는 사자성어로 표현합니다. 이는 바로 여와가 하늘을 고친 일에서 유래했지요.

여와가 다시 날아서 땅으로 내려왔을 때 그곳에는 여전히 비통함이 가득했습니다. 지하에서 분출된 용암과 범람한 강물이 그녀의 사람들을 도탄에 빠뜨렸습니다. 이미 매우 지친 여와는 남은 힘을 모두 모아 가장 큰 호수로 들어갔고, 그 호수 바닥에서 거대한 거북을 잡았습니다. 여와는 거북을 호수 밖으로 끌어올려 네 다리를 하늘과 땅 사이에 기둥처럼 세웠습니다.

하늘을 지탱하는 네 기둥이 생기자 천지가 크게 한 번 흔들리더니 천천히 안정되었지요. 큰불은 점차 잦아들고 사방에서 홍수가 물러나며 대지는 평온하고 정겨운 이전의 모습을 다시 드러냈습니다. 이제 사람들에게 가장 큰 골칫거리는 온갖 사나운 짐승들이었습니다. 여와

❖ 〈여와보천〉

청나라의 뛰어난 화가 임이任頤의 작품으로, 견고한 반석을 묘사해 하늘을 보수하려는 여
와의 강인한 의지를 간접적으로 형상화했다.

❖ 이룡으로 장식한 벽옥

뿔 없는 용 이룡螭龍은 고대 전설에 나오는 동물로, 바다 괴물이라는 설도 있고 용의 아홉 아들 중 둘째라는 설도 있다. 이 옥 장식은 직경 약 20센티미터, 가운데 구멍의 직경은 6센티미터, 두께는 2센티미터에 달한다. 아홉 마리의 이룡이 장식된 벽옥이라 해 '옥구이벽 玉九螭璧'이라 불린다.[1]

는 이루 말할 수 없이 피곤했지만, 온 힘을 모아 짐승의 우두머리인 사나운 흑룡을 처단했습니다. 사람들은 여와를 본보기로 삼아 저마다의 방식대로 야수와 맹금을 몰아내기 시작했습니다. 그렇게 오랜 세월이 흐른 뒤 마침내 땅에 평화가 찾아왔지요.

그러나 여와가 아무리 하늘을 고쳤다 해도 여전히 세상은 불완전했

1 　'벽璧'이란 중앙에 구멍이 있는 둥글납작한 형태의 옥을 뜻한다.

습니다. 하늘은 서북쪽이 기울어진 상태가 되었고, 해와 달과 별은 서북쪽으로 이동하게 되었습니다. 가장 빠르게 달리는 것은 해, 가장 느리게 이동하는 것은 별이었지요. 땅은 동남쪽이 기울어진 형태가 되었고, 강물은 동쪽으로 흐르기 시작했습니다. 물이 흘러 모이는 곳에는 바다가 형성되었지요.

이렇게 세상에 사계절의 흐름과 밤낮의 구분이 생겼습니다. 추위와 더위가 갈마들고 해가 뜨고 지며 인류는 다시 즐겁게 살아갈 수 있었습니다. 동물과 평화롭게 공존했기에 갓 태어난 젖먹이 아이는 새의 둥우리에 두기도 했는데, 바람이 불면 둥우리는 마치 요람처럼 흔들렸지요. 가히 태초 인류의 황금기였습니다.

이제 여와는 몹시 늙었습니다. 그녀는 비룡飛龍이 모는 뇌거雷車에 올랐습니다. 뿔 없는 흰 용이 수레 앞에서 길을 열고, 뱀이 수레 뒤를 따라 날았습니다. 여와가 탄 수레는 높디높은 하늘로 날아갔습니다. 수레는 점점 멀리 사라졌고, 사람들은 낙심한 채 그녀가 까마득한 하늘로 사라지는 모습을 바라보았습니다.

신령한 곤륜산

여와가 오색의 돌을 녹여 하늘을 보수한 뒤 인류는 여유롭고 편안한 시대를 맞이했습니다. 그야말로 태평성대이자 황금기였지요. 영원히 누리고 싶을 만큼 평화롭고 좋은 시대였지만, 안타깝게도 세상은 멈추어 있지 않습니다. 아름다운 날도 힘겹고 비참한 날도 모두 흘러가기 마련이지요. 흐르는 물을 막을 수 없듯이 시간을 붙잡을 수는 없습니다. 그렇다고 고난을 향해 서둘러 달려갈 필요는 없으니, 잠시 여기서 걸음을 멈추어봅시다.

하늘과 땅은 안정적인 상태로 회복되었고, 아침에는 동이 트고 저녁에는 노을이 지며 구름이 일었습니다. 따스한 햇살이 대지를 비췄고 고라니와 사슴이 들판을 달렸으며 공작은 꼬리를 한껏 펼쳤습니다. 들짐승들은 웅크리고 엎드렸고, 새들은 날다가 모여들었고, 원숭

드디어 만나는 중국 신화

이와 다람쥐는 떼를 지어 거대한 나무 그늘 사이로 뛰어다녔습니다. 사람들에게는 투쟁심이라는 것이 없었습니다. 자칫 호랑이나 표범의 꼬리를 밟거나 독사와 독충을 마주해도 다툼 없이 평화롭게 지낼 수 있는 세상이었습니다.

사람들은 모든 일을 순리에 맡겼고 천수를 누렸습니다. 이들은 불 속에 들어가도 타오르지 않았고 물에 들어가도 익사하지 않았으며 공중에서도 땅에서처럼 걸을 수 있었습니다. 구름과 안개가 감돌아도 멀리 볼 수 있었고, 천둥이 쳐도 다른 소리를 들을 수 있었지요.

사람들은 사건을 기록하기 위해 새끼줄이나 띠 등으로 매듭을 묶는 결승문자結繩文字를 고안했습니다. 그들은 사는 곳과 삶의 방식에 만족했습니다. 나다닐 때 목적지를 따지지 않았고, 입에 음식을 물고 늘 배를 두드리며 사방을 노닐었지요. 편안하게 잠에 들었다가 때가 되면 깨어났고, 악몽도 꾸지 않았습니다. 걱정이 없었지요. 음식은 거친 것과 부드러운 것, 단맛 쓴맛을 가리지 않고 풍성하게 먹었고 숨을 매우 깊고 길게 들이마시고 내쉬었습니다.

사람들은 신이 나면 짐승의 꼬리를 손에 쥐고 발을 구르며 다양한 음악을 연주했습니다. 때로는 〈재민載民〉, 〈수초목遂草木〉, 〈경천상敬天常〉, 〈건제공建帝功〉, 〈의지덕依地德〉, 〈총만물지극總萬物之極〉이라는 음악을 연주했지요.[2] 이 음악들은 인류를 낳아 기른 대지를 찬양하고,

---

2   이들은 모두 고대 중국의 전설적인 제왕 갈천씨葛天氏가 만들어낸 '팔결八闋'이라는 음악에 속한다. 『여씨춘추呂氏春秋』 『고악古樂』에 의하면 팔결에는 본문에 소개한 6곡 외에도 〈현조玄鳥〉와 〈분오곡奮五穀〉이 더 있다.

문자 이전의 문자, 결승문자

문자가 등장하기 이전 고대 중국인들은 결승문자, 즉 새끼줄로 매듭 묶는 방식의 문자로 이야기를 기록하고 남겼다고 전해집니다. 중요한 사건이 있을 때는 매듭을 크게 묶고, 사소한 일에는 작게 묶는 식으로 정보를 구분했지요. 옛 중국의 사상을 담은 『주역』 등에는 고대인들이 매듭으로 사건을 묘사하다가 후대에 문자를 사용했다는 기록이 남아 있습니다.

결승문자는 오늘날의 글자처럼 정확한 의미를 표현할 수는 없었지만, 공동체 내부에서 충분히 통용되었습니다. 모두가 비슷한 생활 방식과 관습을 공유하고 있었기 때문에 매듭의 크기나 위치만으로도 충분히 의미를 전달할 수 있었던 것입니다.

그러나 사회가 복잡해지고 사람 사이 소통과 관계가 늘어나면서 결승문자만으로는 더 이상 모든 일을 기록할 수 없게 되었습니다. 결국 매듭은 그림과 기호로, 다시 문자로 발전하게 됩니다. 그래서 결승문자는 고고학에서 종종 역사 시대 이전의 마지막 흔적이자, 문명으로 넘어가기 직전의 출발점으로 이해됩니다.

초목이 무성하게 자라기를 기원하고, 자연에 경외심을 표하고, 사계절의 기운에 따라 행해야 하는 일을 묘사하고, 만물이 정점에 도달하기를 염원하는 내용이었습니다. 사람들이 음악을 연주하면 하늘과 땅의 비밀스러운 문이 하나씩 열리며 특별한 소리가 흘러나와 어우러졌습니다. 천지만물과 자연물이 음악의 세찬 흐름에 흠뻑 빠졌지요. 잎사귀의 잎맥 하나하나도 활짝 열렸습니다.

이따금 사람들은 어머니 여와를 그리워하며 멀리 서쪽을 향해 고개를 들고 높디높은 곤륜산崑崙山을 바라보았습니다. 태초에 세상이 열릴 때 반고가 거대한 산을 두 개 쌓았는데, 그중 하나가 공공이 들이받아 동강난 부주산이고 다른 하나가 대지의 서쪽 끝에 온전히 남아 있는 곤륜산이었습니다.[3]

곤륜산은 비할 데 없이 높고 겹겹이 쌓여 있으며, 높이가 무려 1만 1,000리에 달하는 험준한 산이었습니다. 산의 주위는 약수弱水라는 연못으로 둘러싸여 있었는데, 새의 깃털조차 즉시 가라앉는 곳이었습니다. 산기슭은 화염이 이글거리는 큰 산으로 둘러싸여 있었지요. 이 화염산에는 영원히 불타는 나무가 자랐는데, 폭풍이 몰아쳐도 더 맹렬히 타오르지 않았고 큰비가 내려도 불이 꺼지지 않았습니다. 화염산의 새와 동물, 초목은 모두 불에 의지해 생육하고 성장했습니다.

이 화염산에는 소보다도 커 무게는 1,000근이 넘고 털 길이는 두

---

3 곤륜산의 '곤륜'이란 단어는 혼륜混淪, 혼돈 등과 통하는 개념으로, 태초에 만물이 구별되지 않고 일체인 상태를 가리킨다.

드디어 만나는 중국 신화

❖ 〈이소도離騷圖〉

현대 화가 류단자이劉旦宅가 전국시대 시인 굴원屈原의 서정시 『이소離騷』를 재해석한 그림으로, 높은 하늘에서 날아다니는 환상을 묘사한다. 아침에 남쪽 창오산에서 출발해 저녁에 서북쪽 곤륜산에 도달하는 웅장한 여정으로, 그림의 구도는 환상과 현실이 좌우로 대비되어 있다. 시원하고 자연스러운 선으로 구름이 피어오르고 노을이 비끼는 모습을 담았으며, 오른쪽 하단 주인공은 옷소매를 펄럭이며 속세에 임하는 신선처럼 산뜻하게 표현했다.

척이나 되는 거대한 쥐가 살았습니다. 이 쥐는 불속에서는 온몸이 붉었다가 불에서 벗어나면 눈처럼 하얗게 변했습니다. 나중에 사람들은 옷감 짜는 법을 알게 된 뒤에 이 쥐의 털을 잘라 옷감을 짰는데, 옷감이 더러워지면 불에 한 번 태우기만 하면 깨끗해져 무척 편리했지요. 이 옷감을 '화완포火浣布'라고 불렀습니다.

사람들은 뇌거를 타고 떠났던 여와가 높디높은 천상에 거주하나 이따금 곤륜산 중턱까지 내려온다고 믿었습니다. 곤륜산 중턱에 자리한 양풍산涼風山이 산 아래의 뜨거운 불길을 막아 준 덕분에 중턱 일대는 쾌적했지요. 사람들은 여와가 이곳에서 자신이 창조한 인간들을 지켜본다고 생각했습니다.

양풍산에서 더 올라가면 큰 정원이 있었는데, 이 정원은 말의 몸에 호랑이 무늬, 사람 얼굴을 하고 등에 한 쌍의 날개가 달린 영초英招라는 신이 관리했습니다. 이 정원은 너무 높은 곳에 자리해 마치 공중에 매달린 것처럼 보였는데, 그래서 사람들은 이곳을 '현포懸圃'라고 불렀습니다. 현포를 에워싸고 흐르는 예천醴泉이라는 샘에서는 달콤한 물이 흘러나왔습니다. 현포 아래에는 깨끗하고 맑으며 뼛속까지 시릴 정도로 차가운 샘물이 흘렀습니다. 요수瑤水라는 이 샘물은 요지瑤池로 흘러 들어갔습니다. 현포에서 하늘을 올려다보면 천상의 기이함과 아름다움이 한눈에 보였고, 아래를 내려다보면 인간 세상의 생기발랄함이 생생히 보였습니다.

곤륜산 꼭대기에는 길이가 넉 장에 둘레가 다섯 아름이나 되는 커다란 벼가 자랐고, 그 주위에 셀 수 없이 많은 메귀리(야생 귀리)가 있

드디어 만나는 중국 신화

❖ 〈원명원사십경도圓明園四十景圖〉 중 봉도요대蓬島瑤臺

〈원명원사십경도〉에 수록된 40폭의 그림은 중국에서 가장 뛰어난 정원으로 꼽히는 청나라 황실 정원 원명원圓明園 풍경을 묘사한 것이다. 이 그림은 그중 봉도요대를 묘사했다. 그림에는 모두 3개의 섬이 있는데, 구조와 배치는 당나라 화가 이사훈李思訓의 '하나의 연못과 세 곳의 산'이라는 묘사에 근거하고 있다. 세 산은 중국 신화와 전설 속 선산 봉래蓬萊, 방장方丈, 영주瀛洲를 가리킨다. 당시 인간들은 자연을 두려워하며 숭배의 대상으로 여겼는데, 곤륜산 신화는 고산 숭배, 봉래 신화는 바다 숭배의 상징이다.

었습니다. 커다란 벼의 서쪽에는 주수珠樹, 옥수玉樹, 선수璇樹가 자랐고 동쪽에는 사당수沙棠樹와 낭간수琅玕樹가 자랐습니다. 낭간수에는 진주처럼 아름다운 옥이 자라고 있었는데, 천상의 새들이 이것을 먹고 살았지요. 세 개의 머리와 여섯 개의 눈을 가진 이주離珠는 밤낮으로 낭간수를 지켰습니다. 이주의 시력은 몹시 뛰어나 가을날 새와 짐승의 몸에 새로 난 털까지 볼 수 있었습니다. 이주가 지키는 한 외부의 어떤 존재도 낭간수에 접근할 수 없었지요.

커다란 벼의 남쪽에는 강수絳樹가 자라고 독수리, 살무사, 시육視肉이 살고 있었습니다. 시육은 그 살점을 한 조각 먹으면 다시 자라나 원래 모습을 회복했기에 아무리 먹어도 없어지지 않았지요. 아무리 도끼질해도 베어낼 수 없다는 달의 계수나무는 시육의 변형이 아닐까요? 커다란 벼의 북쪽에는 벽수碧樹,

❖ **착금박산로錯金博山爐**
한나라, 진晉나라 때 널리 만들어진 향로로 재질은 대부분 청동기와 도자기다. 뾰족하게 높이 솟은 형태의 뚜껑에 투조 기법(재료의 면을 뚫어 반대편이 보이게 하는 조각 기법)으로 산을 표현했다. 중국 고대 전설 속 바다에 있다는 박산博山을 상징해 '박산향로'라고도 불린다.

드디어 만나는 중국 신화

❖ 부귀와 장수를 기리는 법랑채 자기 사발

청나라 때 제작된 섬세한 자기 사발로 표면에 영지靈芝와 선학仙鶴, 수대조綬帶鳥(긴꼬리딱
새)를 그려 '지선축수芝仙祝壽[4]'를 나타냈다.

요수瑤樹, 문옥수文玉樹, 우기수玗琪樹가 있었고 진주와 아름다운 옥이
가득 자랐습니다.

　사람들은 곤륜산에 들어가 양풍산에 오르기만 하면 영원히 살 수
있고, 현포에 도달하면 기이한 신통력을 지니게 되며, 더 올라가 곤륜
산 꼭대기에 도달하면 신이 되어 여와와 함께할 수 있다고 굳게 믿었
습니다. 이는 사람들의 더 높은 곳에 도달하고자 하는 향상심과 어머
니를 향한 그리움이 담긴 아름다운 기대이자 간절한 기원이었지요.
그러나 그 이면에 거대한 재앙이 움트고 있었습니다. 이 재앙은 사람
들에게 한 걸음씩 다가오고 있었지요.

4　대표적인 길상 도안의 하나로, 영지, 수대조, 장춘화長春花, 복숭아, 수석壽石 등 장수의
　　상징들로 이루어져 있다.

❖ **아홉 개의 복숭아가 그려진 구도문병**九桃纹瓶

청나라 견륭제 치세기의 꽃병이다. 전설에 따르면 곤륜산에는 서왕모가 아끼는 신성한 화원이 있었고, 그곳에는 신비한 복숭아나무가 자랐다고 한다. 3,000년에 한 번 꽃이 피고 열매를 맺는 이 복숭아를 먹으면 오래 산다는 이야기와 함께 중국 예술사에서 복숭아 도안은 장수의 상징이 되었다.

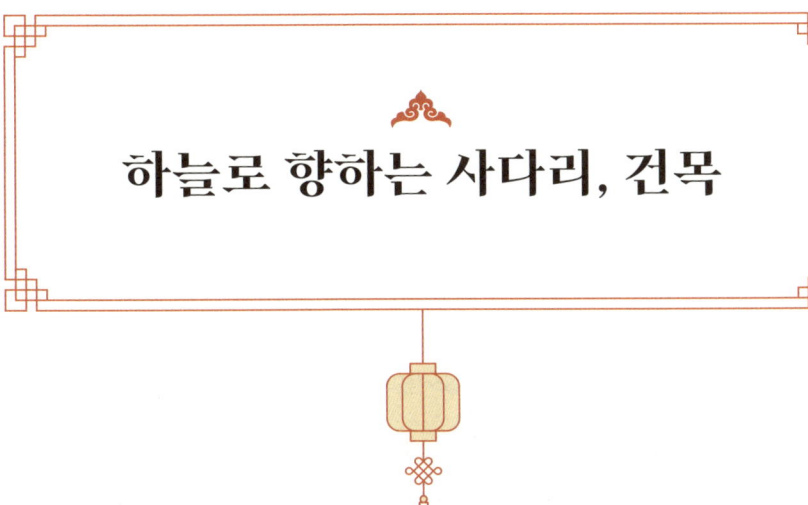

하늘로 향하는 사다리, 건목

　곤륜산 꼭대기에 오르는 인간은 신이 되어 영원불멸의 삶을 누릴 수 있었습니다. 그런데 이상하게도 사람들은 공중에서 걸을 수 있었음에도 곤륜산에 발을 디디지 못했지요. 누군가 그곳에 도달했다는 소식은 들려오지 않았습니다. 곤륜산을 통해 하늘과 땅을 오가는 이는 신인神人, 신선과 무당뿐이었습니다. 어떤 사람들은 약수의 심연과 화염이 이글거리는 산을 날아 넘어가려고 시도하기도 했지만 모두 물에 빠지거나 불에 탈 뻔한 끝에 물러설 수밖에 없었지요.

　곤륜산 꼭대기에 도달하고자 하는 사람들의 욕망이 사라질 무렵, 곤륜산에 얽힌 신묘한 이야기 역시 서서히 사라졌습니다. 그렇게 시간이 흐르자 곤륜산의 기이한 경치는 인간 세상에서 자취를 감추어 더 이상 볼 수 없게 되었고, 이때부터 새로 태어난 사람들 사이에 곤륜산은 그저 세상의 높은 산 중 하나가 되었습니다.

무릇 인간이란 얻을 수 없는 것을 더 강렬히 갈망하기 마련입니다. 여와가 처음으로 창조한 음양을 모두 지닌 태초의 인간들도 마찬가지였지요. 곤륜산의 신비로운 이야기가 잠잠해질 무렵, 그들은 이미 늙었습니다. 그러나 그들은 곤륜산에 오르면 신이 될 수 있던 시절을 그리워했지요. 하늘에 도달해 영생을 얻길 갈망했던 그들은 결국 하늘에 오를 수 있는 사다리를 찾아 온 땅을 뒤졌습니다.

하늘사다리에 관한 전설은 곳곳에 퍼져 있었습니다. 화산華山과 청수靑水의 동쪽에 조산肇山이 있는데, 일찍이 '백고柏高'라는 신선이 이곳을 통해 하늘로 올라갔습니다. 서쪽 황야에는 등보산登葆山이 있었는데, 여러 무당이 이곳을 통해 하늘과 땅을 오르내렸습니다. 그러나 이는 모두 전해지는 이야기일 뿐, 직접 본 사람은 한 명도 없었지요.

태초의 사람들은 자부심이 매우 강했기에 포기하지 않았습니다. 그들은 하늘사다리를 찾으러 곳곳을 헤맸습니다. 먼저 온갖 종류의 커다란 나무를 찾아냈지요. 넓은 황야에 가보았는데, 그곳에 있는 적색 거목에는 늘 푸른 잎과 붉은 꽃이 있었고 꽃에 반사된 빛이 땅을 붉게 물들였습니다. 구사야歐絲野에도 가보았는데, 그곳에는 높이가 100길에 달하고 가지와 잎이 없는 뽕나무 세 그루가 있었지요.

또한 북쪽의 오래된 나라 구영拘纓 근방에도 가보았는데, 그곳 강가에서 자라는 커다란 나무는 줄기가 하늘 높이 솟아 있고 가지가 천 리에 달해 그림자가 사방 끝까지 드리워져 있었습니다. 그들은 흑치국黑齒國의 북쪽에도 가보았습니다. 태양이 떠오르는 그곳에는 부상扶桑

❖ 청동 신수神樹

쓰촨성 광한廣漢 싼싱두이三星堆 유적에서 발견된 이 청동 나무는 전체 높이가 약 4미터에 달하며 중국에서 발견된 청동 유물 중 가장 크다. 밑받침, 나무, 용의 세 부분으로 구성되어 있는데 밑부분은 세 개의 산이 연결된 신산의 형상을 본떴으며, 중앙의 나무는 하늘에 곧장 닿을 기세로 뻗어 있다.

나무는 세 층으로 나뉘고 각 층에 세 개의 가지가 있어 총 아홉 개의 가지가 있다. 원가지마다 두 개의 곁가지가 있어 하나는 위, 하나는 아래를 향하고 있다. 위를 향한 곁가지에는 각각 신조神鳥가 올라가 있다. 원가지와 곁가지 끝마다 열매가 있어 나무 전체의 열매는 27개다. 청동나무 위의 용은 하늘과 땅을 오르내리는 존재가 타고 다니는 것으로 여겨진다.

학자들은 이 청동 구조물이 중국 고대 전설에 나오는 부상이나 건목 등 신성한 나무를 묘사한다고 본다. 신수의 주요 기능 중 하나는 하늘로 통하는 것이다.

❖ **구슬을 머금은 봉황과 날개 달린 호랑이 화상석 탁본**

한나라 때 화상석에는 구슬을 머금은 봉황과 사람이 함께 있는 모습이 종종 묘사된다. 봉황이 구슬, 즉 선단仙丹을 사람에게 건네는 모습은 장수에 대한 옛사람들의 동경을 드러낸다.

이라는 나무가 자라고 있었는데, 높이는 2,000장이고 둘레는 2,000아름에 달했습니다. 이 나무에 올라 손만 뻗으면 별이라도 딸 수 있을 것처럼 하늘과 가까웠지요. 그러나 역시 하늘에 닿기는 역부족이었습니다. 눈으로 보기에는 지척에 있는 것 같은 하늘이건만 거의 도달했다 싶을 때면 아득히 멀어져 있었지요.

훗날, 하늘에 오르지 못해 안타까워하던 사람들은 마침내 도광야都廣野에 이르렀습니다. 도광야는 세상의 중심으로 알려진 곳으로, 사시사철 내내 초목이 푸르고 씨앗이 땅에 떨어지자마자 절로 자라는 곳이었지요. 날짐승이 춤추며 날고, 들짐승이 모여들었지요. 온갖 동식물에 둘러싸인 '영수靈壽'라는 나무는 가지 하나하나가 보이지 않을 정도로 길게 뻗어 있었습니다. 가지 한 마디만 꺾으면 그대로 지팡이로 사용할 수 있었지요. 영수가 둘러싼 곳

드디어 만나는 중국 신화

이 바로 도광야의 중심이었는데, 그곳에는 '건목建木'이라는 신묘한 나무가 자라고 있었습니다.

건목은 천지의 중심에 있었고, 정오에 해가 떠오르면 그림자가 전혀 생기지 않았습니다. 건목 옆에서 크게 소리를 치면 소리가 마치 빨려 들어가는 것처럼 전혀 울리지 않았지요. 가지는 없었고 가늘고 긴 줄기 하나만 하늘을 찌를 듯이 곧게 뻗어 있었는데, 구불구불하게 구부러진 꼭대기 부분은 우산 형태로 얽혀 있었습니다. 줄기는 짙은 보라색, 잎은 푸른색이었으며 잎 가장자리는 톱니처럼 일정한 간격으로 뾰족하게 날이 서 있었습니다. 때때로 검은색의 거대한 꽃이 피었고, 마처럼 생긴 노란 열매가 열렸습니다. 줄기를 꽉 잡고 당기면 나무껍질이 벗겨지며 보라색이 금세 노란색으로 변했습니다. 부드러운 나무껍질은 때로는 갓끈, 때로는 누런 뱀 같았지요.

마침내 인간은 하늘로 통하는 길을 찾아냈습니다. 음양을 모두 지닌 사람들은 이 하늘사다리 건목을 통해 하늘에 올라가 잠시 행복을 맛보았습니다. 그러나 그들은 전설처럼 신이 되지는 못했습니다. 게다가 그들의 자만심으로 인해 일련의 사건이 발생하며 신의 분노까지 초래하고 말았지요. 신은 건목을 부러뜨려 하늘사다리를 끊고 인간이 천상에 도달하는 길목을 철저히 차단했습니다. 이 슬픈 이야기로 들어가기 전에 신이 일찌감치 은밀히 알려준 계시를 살펴봅시다.

건목을 통해 하늘로 오른 첫 존재는 위대한 신 태호太昊였습니다. 그는 동방의 상제로, 그를 보좌하는 신은 목신木神 구망句芒이었지요. 구망은 네모진 사람의 머리에 새의 몸을 하고 있으며, 늘 흰 옷을 입

❖ 하늘사다리 건목

중국 현대 화가 리차오화李朝華의 작품. 중국 여러 민족 사이에는 하늘사다리에 대한 전설
이 많이 전해진다. 먀오족 전설에서는 녹나무를 통해, 두룽족 전설에서는 9층으로 된 토대
를 통해 하늘에 오를 수 있었다. 한편 어룬춘족은 시신을 나무 위에 올려놓는 수상장樹上
葬을 통해 죽은 자가 하늘로 올라가 별이 된다고 믿었다.

고 종종 두 마리의 용을 타고 다녔습니다. 그는 손에 컴퍼스를 쥐고 있었는데, 상황에 따라 크기가 달라지는 이 도구로 정확한 계절과 시간을 측정함으로써 태호를 도와 봄을 관장했습니다. 구망의 원래 이름은 중重이었는데, 봄에 초목이 처음 자랄 때 꼬불꼬불하고 삐죽삐죽한 모습 덕에 봄을 주관하는 그가 '구망'이라 불리게 된 것이지요.[5]

기이한 구망의 형상은 마치 위로 자라려는 세찬 기세를 갖추더라도 때로는 구부러져야 한다는 교훈을 사람들에게 끊임없이 일깨워주는 듯합니다. 모든 어려움을 피해 곧장 위로 올라가면 결국 거대한 장애물을 만나거나 심지어 큰 재앙을 초래할 수도 있습니다. 사람들이 하늘사다리 건목을 타고 곧장 하늘로 올라가려 한 것은 구부러짐의 신중함이 모자랐던 행동이었고, 징벌이 뒤따랐습니다.

❖ **봄의 신 구망 화상석**

중국 선무神木시 다바오당진大保當鎭 한나라 무덤에서 출토된 구망을 새긴 화상석이다. 구망은 중국 고대 민간 신앙에 나오는 나무의 신이자 봄의 신으로, 초목과 각종 생명체의 생장뿐만 아니라 농업 생산도 관장했다.

---

[5] 구망의 '구甸'는 구불구불하다는 뜻이고, '망芒'은 벼나 보리의 낟알에 붙은 깔끄러운 수염, 까끄라기를 가리킨다.

❖ 〈서학도瑞鶴圖〉

고대 한족은 학을 장수하는 신령한 새로 여겼다. 이 그림은 북송의 마지막 황제 휘종 조길
趙佶의 작품으로, 구름이 자욱한 하늘 아래 날아다니는 여러 마리의 학을 묘사했다. 다양
한 자태로 날아다니는 학들이 신비로운 분위기를 자아낸다.

❖ 〈군선공수도群仙拱壽圖〉

송나라 때 작품으로, 수성壽星이 하늘에서 내려오고 여덟 신선(팔선)이 그를 올려다보고 있다. 수성은 고대 신화에서 인간의 수명을 관장한다고 여겨지는 신이고, 팔선은 민간 신앙으로 널리 퍼져나간 도교의 여덟 신선이다. 여덟 신선이 수성을 맞이한다는 '팔선축수八仙祝壽'는 장수와 행복을 기원하는 문화적 의미를 지니고 있다.

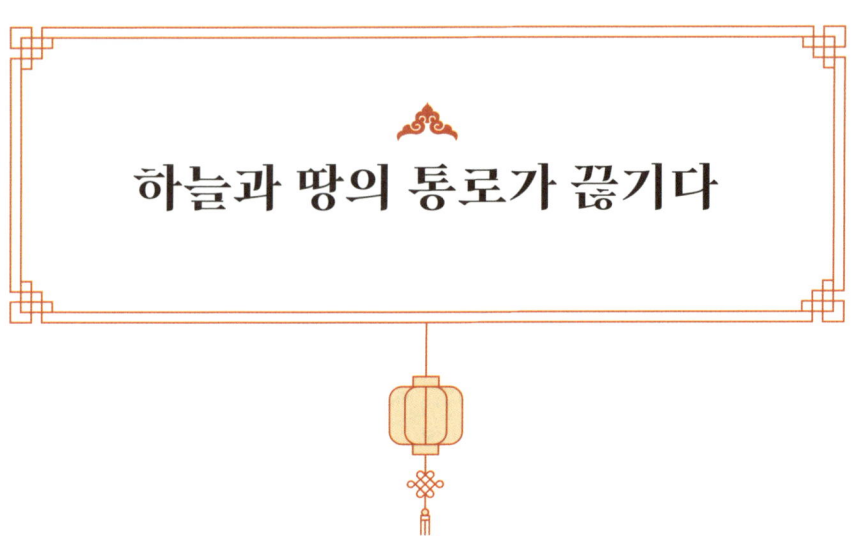

하늘과 땅의 통로가 끊기다

여와가 인간을 창조할 때 사용한 재료는 하늘과 땅의 정수가 아니라 강가의 황토였습니다. 다행히 여와가 인간에게 숨을 불어넣었기에 인간도 반고와 여와처럼 순수한 원기를 지닐 수 있었지요. 하지만 황토 자체는 인간 세상의 산물로, 땅의 묵직함과 탁함 그리고 흙내를 지녔습니다. 그래서 인간의 몸은 흙의 기운을 띨 수밖에 없었지요.

하늘사다리 건목을 찾아내기 전까지 인간은 자신의 분수와 한계를 알고 지켰습니다. 신의 것을 탐내지 않았으며, 신이 되고자 하는 사람도 없었지요. 그래서 순수한 원기를 유지하며 세상에서 근심 없이 살아갈 수 있었습니다. 그런데 건목을 통해 하늘로 올라간 사람이 점점 많아지면서 하늘의 아름다운 풍경과 신들에 대한 이야기가 지상에도 퍼지기 시작했습니다.

드디어 만나는 중국 신화

그러자 인간들은 한편으로는 하늘의 신을 한껏 부러워하며 언젠가 자신도 신이 되기를 바라는 오만한 마음을 품었고, 다른 한편으로는 '가까이 하면 불손해진다'는 말처럼 하늘의 신 역시 기껏해야 인간과 다를 바 없다고 생각하며 점차 마음이 방자해졌습니다. 특히 중앙 상제 황제黃帝에 대해서는(중국 사람들은 동서남북과 중앙, 방위마다 담당하는 신이 있다고 생각했습니다. 황제에 대한 이야기는 뒤에서 다시 살펴봅시다) 온화하고 인자한 신으로 숭배하면서도, 때로는 지위에 걸맞지 않게 행동하는 어리숙한 존재로 여겼지요.

만족할 줄 모르는 인간의 이런 마음은 결국 악신 치우蚩尤를 불러들였습니다. 치우는 본래 하늘의 작은 신이었는데, 사람들은 마음에 악한 기운이 차오르며 점차 그를 받들게 되었습니다. 황제에 대한 사람들의 불만은 커져만 갔고, 나쁜 마음이 늘수록 치우는 점차 강한 신으로 성장했습니다.

충분히 능력을 키웠다고 생각되자 치우는 건목을 통해 인간 세상으로 내려왔습니다. 그는 부족 연맹인 구려九黎 사람들을 선동해 세상에 반란을 일으켰습니다. 그뿐만 아니라 갖가지 방법을 동원해 사람들에게 충성을 강요했지요. 그는 선을 행한 사람에게 벌을, 악을 행한 사람에게 상을 주었습니다.

세간에 악의가 역병처럼 떠돌자 인간이 지닌 무겁고 탁한 기운은 왕성해진 반면 순수한 원기와 선의는 깊은 곳에 억압되었습니다. 그럴수록 치우는 더 강력해졌지요. 악한 기운은 온 땅으로 점점 빠르게 퍼졌습니다. 치우는 황제를 대적할 만큼 강력해졌다는 생각이 들었을

❖ 〈복천추부부승선도 卜千秋夫婦昇仙圖〉(일부)

1976년 허난河南 뤄양洛陽 복천추묘에서 출토된 한나라 때의 벽화로, 복천추 부부가 신선이 되어 하늘로 오르는 모습을 묘사하고 있다. 이들은 여와, 복희, 해, 청룡, 주작, 백호, 선녀 등 여러 신적 존재의 호송을 받으며 곤륜산으로 위풍당당하게 나아가고 있다.[6] 아래 동그란 그림은 두꺼비가 그려진 부분이다.

6 〈복천추부부승선도〉에서 해와 달은 모두 둥글게 그려져 있으며, 그 안에 각각 금오와 두꺼비가 들어 있다. 복희 옆에는 금오가 든 해, 여와 옆에는 두꺼비가 든 달이 있으며 복희와 여와는 모두 사람 얼굴에 뱀의 몸으로 그려져 있다.

때 사람들을 이끌고 건목을 통해 하늘로 올라갔습니다. 전쟁을 벌이고 천상의 질서를 바꿀 작정이었지요.

황제는 악의를 품고 습격해오는 무리를 맞닥뜨리자 아주 매섭게 돌변했습니다. 그는 천둥 같은 분노를 내뿜으며 치우와 팽팽하게 겨뤄 고투를 벌인 끝에 승리했습니다. 그리고 치우를 따라 하늘로 올라온 인간들을 모조리 죽였지요(치우와 황제의 전쟁에 대해서는 뒤에서 더 구체적으로 살펴봅시다). 사람들은 이로 인해 황제가 무척 냉혹하고 인간을 적대시하므로 신으로 받들 이유가 없다고 생각했습니다.

이때부터 사람들은 계산적으로 이해득실을 따지며 영리하게 머리를 굴렸고, 온갖 임기응변에 능한 신을 더 떠받들기에 이르렀습니다. 그렇게 세월이 지나며 지략이 풍부하고 모략에 뛰어난 전욱顓頊이라는 신이 등장했지요. 황제는 치우와 전투를 치르며 이미 인간에게 진저리가 났습니다. 그는 오랫동안 전욱을 관찰하고 묵묵히 교육시킨 끝에 스스로 자리에서 물러났습니다.

"침착하고 진중하며 지모智謀가 있어 모든 것에 통달하고 사리를 잘 아는"[7] 전욱이 자리를 물려받고 처음으로 착수한 일은 바로 음양을 갖춘 인간을 둘로 나누는 것이었습니다. 그는 날 수 있는 인간의 능력을 없앴고, 뇌신雷神에게 명해 인간과 신, 하늘과 땅을 연결하던 건목을 찍어 쓰러뜨리게 했습니다. 그리고 자신의 부하인 중重과 여黎에게 명해 하늘과 땅 사이 통로를 모두 단절시켰습니다.

---

7   원문은 "靜淵以有謀, 疏通而知事." 중국 한나라의 역사가인 사마천이 『사기史記』 「오제본기五帝本紀」에서 전욱을 묘사한 말이다.

중은 바로 앞에서 언급했던 목신 구망의 다른 이름이고, 여는 공공과 다투었던 불의 신 축융의 다른 이름입니다. 두 신은 원래 인간에게 호의를 품고 있었습니다. 그래서 축융은 일찍이 제멋대로 경거망동하는 공공을 물리쳤고, 중은 천지 단절의 재앙이 발생하기 전에 꼬불꼬불하고 삐죽삐죽한 자신의 형상을 통해 사람들에게 분수에 넘는 과도한 욕망을 갖지 않도록 경계하고 두려워해야 한다는 사실을 일깨웠지요. 그러나 인간의 기질은 변해버렸고, 신의 암시에도 불구하고 아무것도 깨닫지 못했습니다.

중과 여는 어쩔 수 없이 전욱의 명에 따라 하늘을 더 높이고 땅을 더 낮추어 사람들이 하늘로 향하는 길을 끊어버렸습니다. 이때부터 인간은 자신의 한계를 분명히 알고 더 이상 분수에 넘치는 일은 하지 못하게 되었지요. 중이 하늘을 주관하고 여가 땅을 주관하며 인간과 신은 서로 간섭하지 않게 되었습니다.

그러나 중과 여가 하늘과 땅을 단절시키기 위해 모든 일을 했어도 인간과 신은 원기로 연결되어 있었습니다. 때문에 하늘과 땅을 연결하는 길도 여전히 남아 있었지요. 중과 여는 아직 차단되지 않은 통로를 한데 모아 서북쪽의 광활한 황야 한가운데에 두었습니다. 여닫을 수 있는 천문天門인 이곳의 이름은 '오거旲姫'였습니다.

사람 얼굴에 팔은 없고 두 발이 머리 위에 달린 천신이 이곳을 지켰습니다. 허噓라고 불렸던 그는 호흡이 독특했는데, 숨을 자주 내쉬었지만 들이쉬는 데에는 한참이 걸렸지요. 허가 숨을 내쉴 때 하늘의 신들은 천문을 통해 인간 세상으로 내려갈 수 있었습니다. 훗날 자신

드디어 만나는 중국 신화

❖ 〈**인물어룡도**人物御龍圖〉

1973년 후난 창사長沙 쯔단쿠子彈庫 전국시대 초나라 무덤에서 출토되었다. 중앙의 높은 관을 쓰고 긴 칼을 찬 남자가 무덤 주인으로 추정된다. 용의 몸통 위에 서 있는 그의 머리 위로 화개花蓋[8]가 있다. 용은 머리를 쳐들고 꼬리를 만 채 원을 그리듯 몸이 휘어졌고, 물고기가 그 옆을 뒤따른다. 여러 학자들이 이 그림을 무덤 주인의 승천을 바라는 안내도로 해석한다.

---

[8]   화개란 제왕이나 고관의 수레에 달린 의장용 양산의 일종이다.

의 악의를 뉘우치고 하늘에 올라갈 자격을 되찾은 이들은 허가 숨을 들이쉴 때 천문을 지나 하늘로 올라갈 수 있었지요.

전욱과 중과 여가 하늘과 땅을 정비했으나 인간의 사악한 생각은 완전히 근절되지 않은 채 전염병처럼 지상을 맴돌았습니다. 이리저리 유랑하는 이런 기운은 새로운 신을 낳았습니다. 그중 하나가 궁기窮奇였는데, 호랑이처럼 생긴 그는 날개가 달려 날 수 있었고 종종 공중에서 푸드덕거리며 내려와 사람을 해쳤습니다. 시시비비를 따지는 다툼이 일어나면 도리에 맞는 이를 잡아먹었고, 충직하고 신실한 이의 코를 물어뜯었으며, 악하고 도리에 어긋나는 이에게는 짐승을 잡아 선물로 주었습니다.

이런 신이 등장하자 인간은 더 이상 단순히 신의 뜻을 따르는 것만으로 세상을 바르게 살아갈 수 없었습니다. 태초의 원기와 마음 깊은 곳의 힘을 모아 반고, 여와와 연결되어야 했습니다. 옳고 그름을 판단할 내면의 양심과 기준이 필요했지요. 인간을 더 난감하게 만든 건 예전에 신들이 인간에 부여했던 지식과 기술이 하늘과의 연결이 끊기며 모두 소멸되었다는 사실이었습니다. 지상의 인간들은 자신의 지력, 지혜에 의지해 그 지식과 기술을 다시 터득해 나가야 했습니다.

　　　　　　　드디어 만나는 중국 신화

집을 지어
보금자리를 마련하다

마음에 속임수와 악의가 생겨난 이래로 인간은 맹수나 맹금과 함께 지내기 어려워졌습니다. 본래 인간에게는 교활한 마음이 없었기에 동물과 평화롭게 함께할 수 있었고, 기쁠 때면 동물의 꼬리를 잡아당기거나 수염을 쓰다듬을 수도 있었습니다. 하지만 이제 인간이 나쁜 생각을 품는 즉시 위협을 감지한 맹수와 맹금이 인간을 공격하게 되었지요. 시간이 지나면서 짐승들도 인간의 간악함을 간파했고, 인간이 어떤 행동을 하기도 전에 맹렬히 공격했습니다.

처음에 인간은 새의 둥지에 몸을 의탁했습니다. 그런데 이제 새 둥지에서 자라던 젖먹이들조차 큰 새들에 밀려 둥지 밖으로 내던져졌지요. 날카로운 발톱도, 뾰족한 이빨도 없는 데다가 하늘을 나는 능력까지 상실한 인간은 짐승에 맞서지 못하고 그저 달아날 수밖에 없었습니다. 때로는 너무 서둘러 도망치느라 그동안 모았던 작물의 씨앗조차 챙길 겨를이 없었지요. 뿐만 아니라 더 이상 새의 둥지에 머물 수 없었기 때문에 이슬과 서리, 바람과 비에 노출되어 끊임없이 대자연의 습격을 받았습니다.

이때 한 영리한 청년이 등장했습니다. 그는 새 둥지 구조를 자세히 살펴보고 땅의 형태를 꼼꼼히 관찰하며 사람이 거주하기 위한 보금자리를 만들고자 했지요. 그러나 그에게는 참고할 만한 선례가 없었습니다. 그는 가장 영리한 사람이었지만, 3년 동안 열심히 고심하고도 적당한 거처를 만들지 못했지요.

그러던 어느 날, 유례없는 폭우가 갑자기 쏟아지고 세찬 광풍이 불어 큰 나무를 우수수 부러뜨렸습니다. 이미 부러진 다른 나무 위로 몇 그루의 큰 나무가 더 쓰러지며 작은 공간이 생겨났지요. 비에 젖은 채 놀라고 당황해 어찌할 바를 모르던 사람들은 오들오들 떨며 그 작은 공간으로 들어가 서로 껴안고 온기를 취했습니다.

집을 지으려고 심사숙고하던 그 영리한 청년은 이 광경을 발견하고 마치 무언가에 강타당한 듯 마음이 떨렸습니다. 그는 인간의 거주를 해결할 아주 훌륭한 방법을 찾아냈지요.

폭우가 그치자 사람들은 비를 피해 머물던 나무 아래에서 나와 햇빛을 쬐었습니다. 이때 영리한 청년은 사람들을 불러 모아 비탈면에서 나뭇가지로 땅을 팠습니다. 사람이 일어설 수 있는 정도의 높이에 누울 수 있는 정도의 폭으로 커다란 땅굴을 만들게 한 것이지요. 땅굴이 완성되자 그는 큰 나무의 가지를 꺾어 땅굴을 덮을 정도의 크기로

드디어 만나는 중국 신화

엮었습니다. 그런 다음, 큰 나무를 잘라 땅굴 높이와 같은 네 기둥을 세운 뒤 한데 엮은 나뭇가지를 그 위에 걸쳐 지붕을 만들었습니다. 마지막으로 가시나무를 가져와 입구를 막았지요.

이렇게 해서 인간은 비바람을 피할 수 있는 아늑한 거처를 갖게 되었습니다. 노천 생활에 지친 사람들은 기뻐 어쩔 줄 몰랐지요. 그들은 거처를 뭐라고 부를지 고심하다가, 생김새가 새 둥지와 비슷하다고 해서 '소巢(보금자리)'라고 불렀습니다. 보금자리를 마련하기 위해 오랜 시간 고심했던 영리한 청년은 유소씨有巢氏라고 높여 부르며 성인

❖ **간란식 주택**

간란식 주택은 습기가 많은 중국 남부 지역에서 많이 만들어졌으며 초기 가옥의 원형으로 여겨진다. 움집과 간란식 주택은 각각 땅 아래와 위라는 차이가 있지만 두 주거 형태 모두 기둥을 활용한 주거라는 점에서 공통점을 지닌다.

으로 높이 받들었지요.

　새 둥지 모양의 거처를 시작으로 훗날 사람들은 마룻대를 올리고 서까래를 건 집을 짓게 되었습니다. 안정적인 생활 터전이 생긴 덕분에 인간의 생존력이 강해지고 지적 능력이 발달해 문명이 빠르게 진보할 수 있었습니다. 그러나 이는 모두 한참 후의 일입니다. 아직도 해결해야 할 문제가 산적해 있었지요.

지면에 기둥을 세워 올리는 간란식干欄式 건축

❈

'소거'란 나무 위에 만든 집으로 그 형태가 새 둥지와 같아서 지어진 이름입니다. 중국 고대 문헌에는 소거에 관한 기록이 많이 남아 있습니다.

『장자莊子』의 「도척盜跖」에는 "짐승은 많고 사람은 적었기 때문에 사람들은 나무 위에 집을 짓고 살며 짐승을 피했다"라고 쓰여 있지요.

가장 오래된 소거는 원시 농경 시대에 적합하도록 숲에서 나무에 보금자리를 틀고 거주하는 형태였습니다. 신석기 중기에 이르러 농업 경제가 발달하면서 사람들은 점차 숲에서 벗어나 평지나 경사지에 집을 지었고, 소거는 점차 간란식 건축으로 바뀌었습니다.

간란식 건축이란 집이 지면에서 떨어지도록 나무 기둥을 세우고 그 위에 집을 얹는 건축 양식을 가리킵니다. 간란식 건축은 지면으로부터 높이 떨어져 있기에 땅의 습기나 독충을 피할 수 있고, 집 아래쪽 빈 공간을 활용할 수 있다는 장점이 있습니다.

팔괘를 만든 복희

인간이 불을 사용하고 농사짓는 법을 알게 된 뒤에도 세상에는 그런 발명이 전혀 필요 없을 만큼 먹을 것과 입을 것이 풍족한 곳들이 있었습니다. 신선이 살 듯한 고대 취락지에서는 여전히 농사를 짓지 않고도 살 수 있었지요. 그런 취락지 가운데 화서주華胥洲라는 곳이 있었습니다. 엄주弇州의 서쪽, 태주台州의 북쪽에 있는 화서주가 얼마나 아득히 먼지 그 거리는 알 수 없었습니다.

전설에 따르면 화서주 사람들은 매우 소박하며 일거수일투족이 평안하고 여유로웠습니다. 그들은 삶에 미련을 갖거나 죽음을 꺼리지 않았습니다. 자기 자신을 친애하거나 타자를 소원히 대하지 않아 애증도 없었습니다. 모든 이가 유유자적하게 살아갔지요. 사람들은 화서주를 몹시 동경했으나 배나 수레로는 갈 수 없었고 걸어가는 것은

드디어 만나는 중국 신화

더더욱 불가능했기에 그곳의 행복한 삶을 머릿속으로만 그려볼 따름이었습니다.

화서주에는 뇌택雷澤이라는 큰 연못이 있었습니다. 그곳은 나무가 우거지고 풀이 무성하며 기이한 새와 짐승이 드나들었지요. 어느 날, 화서주의 한 아가씨가 뇌택으로 놀러갔다가 우연히 거인의 것처럼 보이는 커다란 발자국을 발견했습니다. 그것을 이상하고 신기하게 여긴 그녀는 발자국에 자신의 발을 올려놓았습니다. 그러자 갑자기 심장이 쿵쾅거리더니 참을 수 없이 몸이 떨리기 시작했지요.

집으로 돌아간 그녀는 곧 임신을 했고, 꼬박 13년이 지난 후에야 아이를 낳았습니다. 아이의 이름은 '복희伏羲'였지요. 복희는 길쭉한 두상에 긴 눈, 거북의 이빨, 용의 입술, 희끗희끗한 눈썹, 땅까지 늘어진 수염을 가지고 있었습니다. 소박한 땅에서 태어난 순박하고 선량한 복희는 차츰 건실한 청년으로 성장했습니다.

복희가 성장하던 시기에 인간의 삶은 물질적으로 풍요로워지기 시작했습니다. 생존의 문제에서 벗어나 마음에 여유가 생기자 사람들은 차츰 무언가 갈망하기 시작했습니다. 그러나 어느 것도 마음을 채워주지 못했지요. 복희는 사람들 마음속의 소망을 감지했습니다. 그는 고개를 들어 하늘의 형상을 관찰하고, 고개를 숙여 땅의 법칙을 관찰했습니다. 대지의 결, 새와 짐승의 움직임도 관찰했지요.

가까이는 자기 자신을 관찰하고 멀리는 만물을 관찰하던 복희는 어떤 힘이 그의 몸에 조용히 흘러들어온 것을 느꼈습니다. 영감이 떠올랐지요. 복희는 곧 무언가 새로이 창조될 것이라는 사실을 직감했으

❖ 〈제왕도통만년도帝王道統萬年圖〉의 복희

명나라 화가 구영仇英의 작품. 〈제왕도통만년도〉에는 복희, 신농, 황제, 순, 후직, 대우, 하후계夏后啓, 주周 문왕文王, 한漢 고조高祖 등 중국 역사 속 명군 20명의 초상과 행적을 묘사한 20폭의 그림이 실려 있다. 진한 청색과 녹색이 주된 색감을 형성하고 간혹 이금泥金을 섞어 테두리를 그렸으며, 전체적으로 밝고 화려하다.

나, 그것이 정확히 무엇인지는 알 수 없었습니다. 그는 날마다 세차게 흐르는 물을 바라보며 만물의 끝없는 변화를 느꼈습니다. 그 안에는 변하지 않는 진리가 포함되어 있었지요. 복희가 그 핵심에 다가갈 때

드디어 만나는 중국 신화

가 임박했습니다.

어느 날, 복희는 강가에서 생각에 잠겼습니다. 그의 생각은 멀리 날아가 하늘과 가장 먼 곳의 별에 닿았고, 바닷속 가장 깊은 곳에 다다랐습니다. 아스라한 가운데, 복희는 지금 자신이 어디에 있는지조차 잊었습니다. 그때 갑자기 용의 머리를 지닌 새하얀 신마神馬가 강에서 뛰어올라 복희 앞을 지나가다 잠시 멈칫했습니다. 그러더니 다시 먼 곳으로 질주했지요.

넋이 나간 듯 생각에 잠겼던 복희는 물 위를 질주하는 백마를 주의 깊게 바라보았습니다. 하늘과 땅의 불가사의에 심취해 있던 그는 백마 등에 있는 도안을 발견했습니다. 그것이 변화하는 모습도 보았지

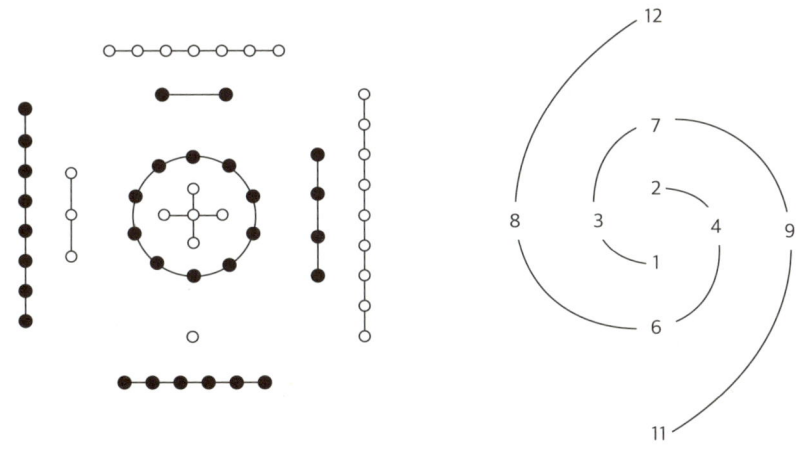

❖ **복희가 발견한 하도河圖와 그 변형**
왼쪽 이미지가 백마의 등에 있던 도안인 하도, 오른쪽 이미지는 그것이 변화한 나선형 문양이다.

요. 도안은 끊임없이 빙빙 도는 나선형을 하고 있었습니다.

복희는 검은빛과 흰빛이 회전하는 이 형상을 양陽의 기호(─)와 음陰의 기호(--)로 단순화했습니다. 이 두 기호를 가리켜 '효爻'라고도 하지요. 그는 이 음양의 기호를 번갈아가며 쌓아 8개의 특수한 기호를 만들었지요. 건乾(☰), 곤坤(☷), 진震(☳), 손巽(☴), 감坎(☵), 이離(☲), 간艮(☶), 태兌(☱)의 여덟 기호는 훗날 '팔괘八卦'로 지칭됩니다.

팔괘에는 각각 대응하는 자연물, 동물, 신체 부위와 사람이 있습니다. 건은 하늘, 말, 머리, 아버지에 대응합니다. 곤은 땅, 소, 배, 어머니에 대응하지요. 진은 천둥, 용, 발, 장남에 대응하고 손은 바람, 닭, 허벅지, 장녀에 대응합니다. 감은 물, 돼지, 귀, 차남에 대응하고 이는 불, 꿩, 눈, 차녀에 대응합니다. 간은 산, 개, 손, 막내아들에 대응하고 태는 연못, 양, 입, 막내딸에 대응합니다. 자연계, 동물계, 인간의 몸, 인간사를 막론한 모든 사물이 팔괘에 담겨 있었지요.

또한 복희는 각 기호의 본질적인 속성, 즉 덕을 추출해 사물의 존재 법칙에 대응시켰지요. 건은 강건함, 곤은 유순함, 진은 움직임, 손은 복종, 감은 함몰, 이는 종속, 간은 멈춤, 태는 나타남의 속성을 띱니다.

이어서 복희는 방위와 음양에 따라 팔괘를 배열해 그림으로 나타냈는데, 백마의 등에 있던 도안인 하도河圖의 숫자 변화도 그림에 드러납니다.[9] 이로써 각 기호 간에 음양이 쇠하여 줄어들거나 성하여 늘어

---

9 하도에 따라 팔괘를 순서대로 나열하면 건일乾一, 태이兌二, 이삼離三, 진사震四, 손오巽五, 감육坎六, 간칠艮七, 곤팔坤八이 된다.

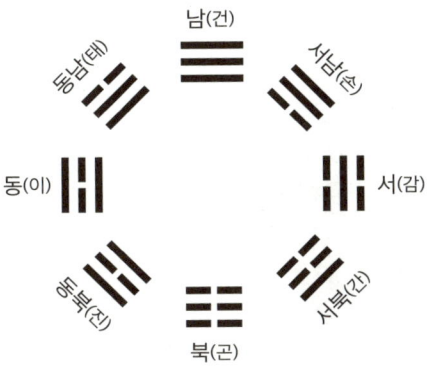

남(건)
동남(태)
서남(손)
동(이)
서(감)
동북(진)
북(곤)
서북(간)

❖ **선천팔괘방위도**

복희가 만들었다 하여 '복희팔괘방위도'라고도 한다. 방위와 음양의 순서에 따라 팔괘를 배열한 것으로 우주 생성 이전의 원형과 균형을 담고 있다. 훗날 주나라 문왕이 새로이 정리한 '후천팔괘방위도(문왕팔괘방위도)'와 구분된다.

가는 상황을 나타낼 수 있게 되었지요.[10] 이 그림이 바로 '선천팔괘방위도先天八卦方位圖'입니다.

팔괘를 생각하고 배열해 선천팔괘방위도를 완성한 복희는 마음속에 답답하게 담고 있던 말을 모두 내뱉은 듯 후련했습니다. 복희가 팔괘를 만든 후, 이전에는 생각조차 못했던 새로운 세상이 열렸습니다. 복희는 마치 신들의 거처에서 귀중한 보물을 들고 돌아온 영웅 같았지요. 인간사에 축적되어온 모든 지식과 경험의 총체가 변화무쌍한 여덟 기호로 정리되었습니다.

---

10 진·이·태·건의 4괘는 양이 자라 성하는 과정, 손·감·간·곤의 4괘는 음이 자라 성하는 과정이다.

❖ **팔괘와 십이지신이 담긴 팔괘경**
구리 거울의 가장 안쪽 원에는 팔괘 기호가
있고, 그 바깥쪽에는 열두 띠에 해당하는 동
물들이 자리하고 있다. 남송 멸망에서 원나라
사이의 유물로 추정된다.

가장 놀라운 점은, 기존에 알던 지식을 모두 꿰뚫은 복희의 통찰력
덕분에 팔괘로 지나간 과거를 개괄하는 데서 그치지 않고 미래를 예
측할 수도 있었다는 것입니다. 물론 미래를 정확히 예측할 수 있다는
건 아닙니다. 모종의 영감을 받은 인간이 복희가 팔괘를 만들 때처럼
몰입한 상태에서 인류의 청사진을 살피고 자신이 처한 시대 상황에
근거해 미래를 가늠할 수 있다는 뜻이지요.

복희는 한 걸음 나아가 팔괘를 중첩해 64괘를 만들었습니다. 예를
들어 건과 건을 합치면 건괘乾卦(☰)를, 건과 곤을 합치면 태괘泰卦(☷)
와 비괘否卦(☷)를 만들 수 있었지요. 이는 세상을 64가지의 더 많은
기준으로 바라보고 해석할 수 있다는 의미기도 했습니다.

복희의 팔괘는 당대 인류가 가장 고대하던 것이었습니다. 그들은
마음속 깊은 곳에서 세상의 이치를 담은 창조물을 기다리고 있었습니
다. 그래서 복희가 만든 팔괘가 널리 전파되자 사람들은 그 기호가 마
음속 깊은 곳에서 희구하고 갈망하던 것임을 느꼈지요. 이제 사람들

❖ 진성루振成樓[11]

중국 푸젠성福建省 룽옌시龍岩市에 위치한 진성루는 1912년에 지어졌으며 부지 면적은 약 5,000제곱미터에 달하고, 안팎의 두 원형 건축(바깥의 외환루와 안쪽의 내환루)으로 나뉜다. 팔괘에 따라 배치된 내부의 각 구역에는 아치문이 있는데, 문을 닫으면 방해받지 않는 독자적 구역이 되고 문을 열면 전체 건물이 서로 통하며 하나로 연결된다. 한족의 일부인 객가인客家人들의 지혜와 공동체 생활 방식을 드러내는 유적으로 인정받아 2008년 유네스코 세계문화유산으로 지정되었다.

의 불안은 누그러졌고 모든 이의 마음에 울림이 생겨났습니다. 팔괘에 감명을 받은 이들은 그 원리를 빠르게 파악하고 복희의 행적을 따라 저마다 새로운 것을 만들어냈습니다.

11 팔괘에 따라 설계되고 건축되어 '팔괘루'라고도 불린다. 4층 구조이며 각 층은 방화벽으로 구분된 8개 단위로 구성된다. 6칸으로 이루어진 한 단위가 1괘에 상응하며 한 층은 48칸이다.

복희가 만든 괘, 공자가 풀어낸 『주역』

복희가 발명해낸 괘卦는 문왕의 괘사와 효사를 거쳐 공자의 『십익十翼』으로 완성되었다 해도 과언이 아닙니다. 『십익』이란 『주역』의 뜻을 쉽게 풀이한 책으로, 총 10편으로 이루어져 있습니다. '주역을 쉽게 이해할 수 있도록 돕는 10개의 날개' 정도로 이해하면 됩니다.

『주역』이란 복희가 창안한 팔괘를 위아래로 겹쳐 만든 64괘를 바탕으로 우주 만물을 탐구하는 철학서이자 음양의 원리를 풀이하는 점술서로 볼 수 있습니다. 고대 중국인들은 『주역』으로 우주의 질서를 체계화하고 도식화할 수 있다고 생각했습니다. 쉽게 이야기하면 『주역』은 변화 원리로 미래를 예측하고, 동시에 자연과 우주에 대한 이치를 살피는 경전입니다.

『주역』에서 가장 기초가 되는 원리는 '만물은 변화한다'는 것입니다. 만물은 생성, 성장, 노쇠, 죽음을 반복합니다. 『주역』에 따르면 세계가 돌아가는 핵심 원리인 '변화'에는 일정한 법칙이 있으며, 이 법칙에 따라 대응이나 판단의 기준을 세울 수 있습니다.

先師孔子行教像

德侔天地 道冠古今
刪述六經 垂憲萬世

吳道子筆

❖ 오도자의 〈공자 초상〉

공자는 중국의 유명한 사상가, 철학자, 교육자이자 유가 학파의 창시자다. 유가 사상은 공자가 창시한 이래 역대 학자들을 거치며 사상 체계를 완비했고 중국 전통 문화의 주류가 되었다. 이 그림은 당나라 화가 오도자吳道子가 그린 공자의 초상을 탁본한 것이다. 몸을 앞으로 살짝 기울인 공자의 모습은 '온화, 선량, 공경, 절제, 겸양溫良恭儉讓'의 덕행을 나타낸다. 맞잡은 두 손은 손등이 바깥을 향해 있고 허리에는 검을 차고 있다. 이는 한 시대의 성인聖人이 문무文武에 모두 능했음을 보여준다.

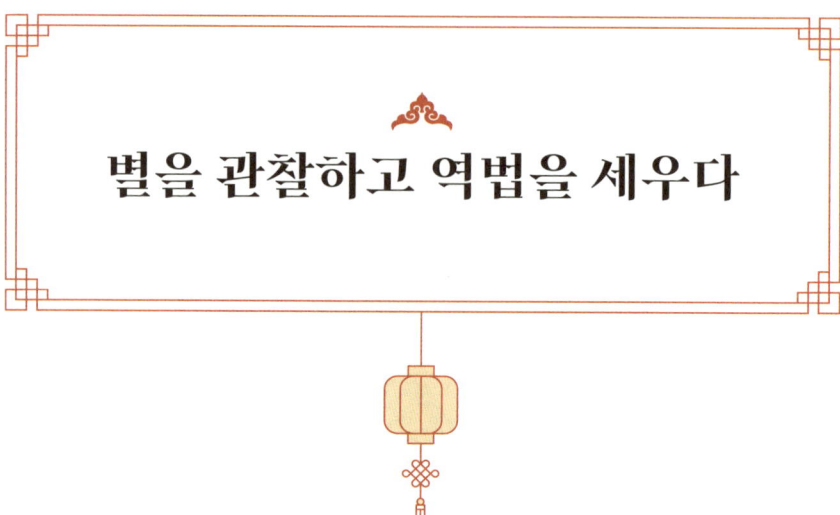

별을 관찰하고 역법을 세우다

　먼 옛날에는 시계와 달력, 나침반이 없었습니다. 그래서 시간, 계절, 방위를 알려면 해와 달과 별을 올려다보아야 했지요. 사람들은 별마다 고유한 이름을 붙였습니다. 예를 들면 천구의 적도에 따라 분포한 별을 여러 무리로 구분한 '이십팔수' 모두 각각 이름이 있습니다. 동방을 관장하는 창룡蒼龍(또는 청룡靑龍)은 각角·항亢·저氐·방房·심心·미尾·기箕, 북방을 관장하는 현무玄武는 두斗·우牛·여女·허虛·위危·실室·벽壁, 서방을 관장하는 백호白虎는 규奎·누婁·위胃·묘昴·필畢·자觜·삼參, 남방을 관장하는 주작朱雀은 정井·귀鬼·유柳·성星·장張·익翼·진軫 등 각각 7수의 별을 거느리고 있지요. 복희는 팔괘를 비롯해 세상 만물을 이 친숙한 별들과 연결해 기존 지식을 끊임없는 변화의 총체로 정립하고자 했습니다.

　드디어 만나는 중국 신화

그중에 특히 동방 7수가 창룡으로 불린 이유는 '각수'의 두 별이 용 머리의 두 뿔과 비슷하고, '항수'의 네 별이 용의 목과 비슷하며, '저 수'의 네 별과 '심수'의 세 별이 용의 상체와 비슷하고, '미수'의 아홉 별과 '기수'의 네 별이 용의 하체와 비슷하며, 중심에 자리한 '방수'의 네 별이 용의 심장을 상징하기 때문이었지요.

❖ 증후을묘曾侯乙墓에서 출토된 옻칠 상자

후베이 쑤이저우隨州의 전국시대 묘에서 발견된 상자로, 무덤 주인이 생전에 옷을 보관했 던 함으로 추정된다. 상자 뚜껑에는 천문 도상이 붉은 옻칠로 그려져 있다. 뚜껑 중앙에는 북두칠성을 상징하는 '두斗' 자가 있고, 그 주위에 이십팔수의 이름이 전서篆書로 적혀 있 다. 양쪽 끝에는 사상四象(동서남북을 가리키는 청룡, 백호, 주작, 현무를 통틀어 이르는 말) 중 청룡 과 백호가 그려져 각각 동쪽과 서쪽을 나타낸다. 현재까지 중국에서 발견된 천문 자료 가 운데 이십팔수 전체 명칭과 북두칠성, 사상을 함께 묘사한 가장 오래된 유물이다. 이는 중 국이 전국시대부터 이십팔수 체계를 갖추고 있었음을 말해준다.

겨울에는 창룡 7수가 태양과 함께 뜨고 지기 때문에 사람의 눈에 보이지 않는데, 이는 마치 기다란 용이 지평선 아래에 머무르는 것과 같습니다. 그래서 복희는 건괘의 가장 아래 효인 초효를 아직 하늘에 오르지 않고 물속에 숨어 있는 용을 뜻하는 '잠룡潛龍'이라고 명명했지요. 풀과 나무에서 싹이 트고 춘분이 도래한 뒤로는 창룡 7수의 머리와 상체가 차례대로 지평선 위로 떠오르는데, 이는 마치 긴 용이 밭에 나타난 것처럼 보였습니다. 그래서 복희는 건괘의 이효를 '현룡재전見龍在田(용이 밭에서 나타난다)'이라고 묘사했지요.

그로부터 시간이 더 지나면 용의 하체와 꼬리 부분도 점차 지면으로 올라옵니다. 이는 매우 힘들지만 날마다 변화하는 과정이지요. 그래서 복희는 이것을 맡은 일에 부지런히 힘쓰는 군자의 덕성에 비유했지요. 건괘의 삼효인 '일건건 석척약려日乾乾 夕惕若厲(종일토록 애쓰고 저녁에 경계한다)'가 이에 해당합니다. 그로부터 얼마간의 시간이 더 흐르면 용이 몸을 뻗어 솟구치며 전체가 지평선 위로 드러납니다. 건괘의 사효는 '혹약재연或躍在淵(때로는 연못에서 뛰어오른다)'입니다.

창룡은 느긋하게 높이 올라 하늘의 중앙으로 천천히 이동합니다. 저녁 무렵 창룡이 천정天頂(관측자의 중력 방향 직선 위)에서 맴도는 모습이 보일 때쯤 시원한 바람이 불며 추분이 찾아오지요. 바로 이때가 건괘의 오효에 해당하는 '비룡재천飛龍在天(날아오른 용이 하늘에 있다)'입니다. 뛰어난 지도자가 최고의 자리에 올라 큰 뜻을 펼치는 시기를 비유하지요. 그 후 창룡 7수는 점차 하늘 중앙에서 서쪽으로 이동하는데, 용의 머리와 목이 서쪽 지평선 아래로 점점 사라질 무렵이면 날씨

드디어 만나는 중국 신화

가 추워지며 입동이 도래합니다.

입동 전후, 용의 머리와 몸이 지평선 아래로 고꾸라지는 모습은 건괘의 육효인 '항룡유회亢龍有悔(너무 높이 올라간 용은 후회함이 있다)'로 묘사됩니다. 높은 자리에 있는 사람은 교만함을 경계해야 하니, 그렇지 않으면 실패하여 후회할 것이라는 말이지요.

창룡이 지평선 아래로 더 깊이 가라앉는 과정에서 용의 머리와 상체에 있는 각수, 항수, 저수가 점차 사라져 완전히 보이지 않게 되는데, 복희는 이 시기를 두고 '현군룡무수見群龍無首(뭇 용이 나타났으나 우두머리가 없다)'라고 했습니다. 건괘의 결론에 해당하는 이 말은 겸손과 조화를 상징합니다.

중국인들이 별만 관찰했던 것은 아닙니다. 후대 사람들은 복희를 본받아 달의 변화에도 주목했습니다. 예를 들어 달이 주기적으로 차고 이지러지는 것을 보고 양효(—)로 빛이 있음을, 음효(--)로 빛이 없음을 나타냈습니다.

초하룻날에 달빛이 전혀 없는 것은 곤괘(☷)를 이용해 묘사하고, 초사흗날 저녁에 서쪽에서 초승달이 나타나 희미한 달빛이 조금씩 드러나는 것은 진괘(☳)로 표현했습니다. 초여드렛날에 남쪽에서 상현달이 나타나 달빛이 왕성해지기 시작하는 것을 태괘(☱)로, 초하루부터 열닷새째 되는 날 동쪽에서 둥근 보름달이 떠 온 세상에 밝은 달빛이 가득한 것은 건괘(☰)로 나타냈습니다. 그러다 열여덟째 날, 서쪽에서 이지러지기 시작하는 달이 나타나면 아래에 음영이 있다 하여 손괘(☴)로 표현했지요. 스물셋째 날에는 남쪽에서 하현달이 나타나고 아래의

❖ 〈오성이십팔수신형도五星二十八宿神形圖〉

고대 중국인들은 하늘의 모든 별이 신이라고 믿었다. 이 그림은 오성五星(수성, 금성, 화성, 목성, 토성) 및 이십팔수를 인물로 표현한 중국 남조 때 양梁나라 화가 장승요張僧繇의 작품을 본뜬 것이다. 이십팔수는 고대인들이 해와 달과 오성의 운동을 비교하기 위해 관측의 기준점으로 삼았던 28개의 별자리다. 이 그림에서 각각의 별자리는 여성, 노인, 소년, 동물 머리를 한 사람 등으로 그려져 있다. 현재는 원작의 일부인 오성과 십이수만 남아 있다.

음영이 더 많아져 간괘(☶)로 나타냈습니다. 서른째 날에는 달이 빛을 완전히 잃어 어두워진 것을 다시 곤괘(☷)로 표현했습니다. 아래 그림에서 이러한 달의 변화를 묘사한 괘를 확인할 수 있습니다.

사람들은 태양이 뜨고 저무는 것에도 나름의 규칙이 있음을 발견했습니다. 태양이 정확히 동쪽에서 떠 서쪽으로 지는 때는 1년 중 오직 이틀, 춘분과 추분뿐이지요. 사람들은 태괘(☱)로 춘분을, 비괘(☴)로 추분을 나타냈습니다. 태양이 뜨고 지는 지점이 남쪽 극점에 도달하는 시기가 동지, 북쪽 극점에 도달하는 시기가 하지입니다. 사람들은 낮이 가장 짧은 동지를 곤괘(☷)로, 낮이 가장 긴 하지를 건괘(☰)로

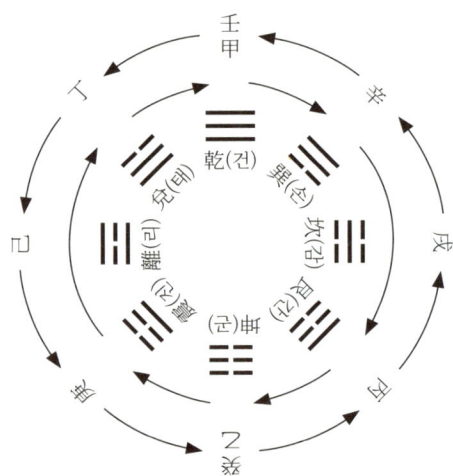

❖ **달의 변화에 대응시킨 괘**
고대 중국인들은 달의 운행 주기에 괘를 대응시키고 이를 통해 시간의 흐름과 하늘의 변화를 예측했다.

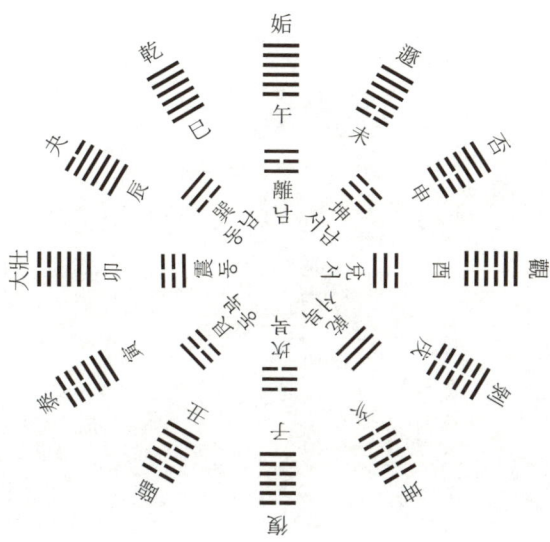

❖ 태양의 변화에 대응시킨 괘

바깥쪽 원에 자리한 12개의 괘는 십이간지와 연관되어 있다. 안쪽 원은 3개 효로 이루어진 원래의 팔괘로 방위와 배합되어 있다. 위쪽이 남쪽을, 아래쪽이 북쪽을 가리킨다.

나타냈지요. 동지에 가장 짧았던 낮이 서서히 길어지기 시작하는 것은 양기가 차오르는 것으로 여기며 복괘(☷)로 묘사했습니다.

이들 각각의 상징적인 이미를 간지, 방위 등과 배합하면 바로 위 그림이 나옵니다. 특히 바깥쪽 원은 전체가 양효로 이루어진 건괘에서 시작해 전체가 음효로 이루어진 곤괘를 지나 다시 건괘로 돌아옵니다. 그 사이에 양효와 음효의 개수가 변하지요.[12]

천상의 갖가지 변화에 근거해 복희는 사계절을 나누고 이를 널리

---

12 건괘에서 곤괘로 가면서 점점 음효가, 곤괘에서 건괘로 가면서 양효가 많아진다.

❖ 〈사신운기도四神雲氣圖〉

1987년 융청永城 망당산芒碭山의 한나라 묘에서 출토되었다. 묘실 천장부 서쪽 끝에서 시작해 동쪽 방향으로 3미터 남짓 이어지고 면적은 16.8제곱미터에 달한다. 중앙에 7미터 길이의 거대한 용이 날아오르고 있으며 동쪽에 주작, 서쪽에 백호가 있다. 주변은 괴수, 영지, 운기 문양으로 장식되어 있다. 중국 전한 시기 예술을 보여주는 이 벽화는 둔황 벽화보다 600년가량 이르다. 현재까지 중국에서 가장 잘 보존된 벽화일 뿐만 아니라 초기 중국 신선 사상을 담아 역사적, 예술적 가치가 높은 작품으로 여겨진다.

알렸습니다. 훗날 사람들은 이지(동지와 하지), 이분(춘분과 추분) 등의 절기를 팔괘와 결합하고 간지, 오행五行 등을 더해 시간과 방위를 나타내는 여러 표지를 만들었습니다. 인간이 세상을 인식하게 하는 이런 검증된 시간 표현법을 '역법曆法'이라고 합니다.[13]

---

13 역법이란 천체의 주기적 현상에 근거해 날짜와 시간을 구분하는 방법이다. 대표적인 역법으로 음력과 양력이 있는데 음력은 달이 지구를 한 바퀴, 양력은 지구가 태양을 한 바퀴 도는 시간을 기준으로 한다.

동양의 시간 구분 체계, 24절기

절기란 한국, 중국, 일본 등 동아시아 지역에서 1년을 태양의 황경에 따라 24등분하여 계절을 자세히 나눈 것으로, '기후의 표준점'으로 볼 수 있습니다. '황경黃經'이란 태양이 춘분점을 기점으로 황도를 따라 움직인 각도를 가리키며, 절기와 절기 사이는 대략 15일 간격이지요.

24절기는 중국 선진 시기에 정착하기 시작해 한나라 때 완전히 확립되었습니다. 특히 농사 시기를 맞추는 데 사용된 중요한 역법이었지요. 입춘에서 시작해 대한에서 끝난 절기는 다시 입춘으로 돌아가 순환합니다.

고대 동아시아의 여러 국가에서는 매해 절기를 계산하고 널리 반포해 사람들이 기온과 기후를 예견하고 일상에서 유용히 활용하게 했습니다. 특히 24절기는 옛 중국인들의 지혜가 깃든 과학적인 시간 체계로 여겨지며 2016년 유네스코 인류무형문화유산에 공식적으로 등재되었습니다.

❖ 절기별 시기와 특징

절기	일자	내용
입춘立春	2월 4~5일	봄의 시작
우수雨水	2월 18~19일	봄비 내리고 싹이 틈
경칩驚蟄	3월 5~6일	개구리 겨울잠에서 깸
춘분春分	3월 20~21일	낮이 길어지기 시작
청명清明	4월 4~5일	봄 농사 준비
곡우穀雨	4월 20~21일	농사 비가 내림
입하立夏	5월 5~6일	여름의 시작
소만小滿	5월 21~22일	본격적인 농사 시작
망종芒種	6월 5~6일	씨 뿌리기 시작
하지夏至	6월 21~22일	낮이 가장 긴 날
소서小暑	7월 7~8일	더위의 시작
대서大暑	7월 22~23일	더위가 가장 심함
입추立秋	8월 7~8일	가을의 시작
처서處暑	8월 23~24일	더위 식고 일교차 커짐
백로白露	9월 7~8일	이슬 내리기 시작
추분秋分	9월 23~24일	밤이 길어지기 시작
한로寒露	10월 8~9일	찬 이슬 내리기 시작
상강霜降	10월 23~24일	서리 내리기 시작
입동立冬	11월 7~8일	겨울 시작
소설小雪	11월 22~23일	얼음 얼기 시작
대설大雪	12월 7~8일	큰 눈이 옴
동지冬至	12월 21~22일	밤이 가장 긴 날
소한小寒	1월 5~6일	가장 추운 때
대한大寒	1월 20~21일	매서운 한파

드디어 만나는 중국 신화

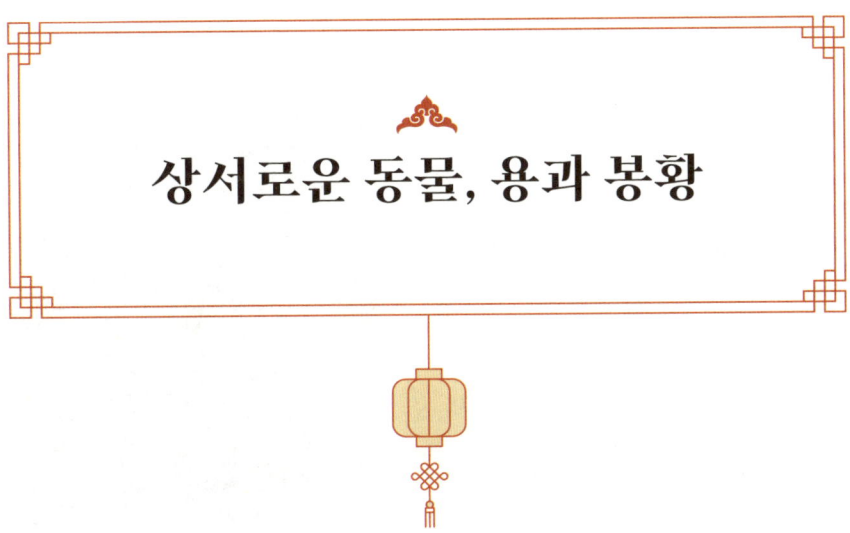

상서로운 동물, 용과 봉황

인간은 빨리 달릴 수 없어 바퀴를 만들었습니다. 날지 못하므로 새처럼 날 방법을 궁리했지요. 두 손으로는 부족해 삶을 윤택하게 할 유용한 도구를 만들어냈습니다. 신화 속에는 천리안千里眼과 순풍이順風耳[14]와 같은 인물이 등장합니다. 인간은 상상을 통해 무에서 유를, 현실에 존재하지 않는 놀라운 존재를 창조해내지요.

건목이 꺾여 하늘과 땅의 통로가 끊긴 뒤로 인간은 더 이상 하늘로 올라갈 수 없게 되었습니다. 그러나 여와가 흙을 빚어 만든 태초의 인간들은 반고와 여와의 원기가 깃든 존재였습니다. 그래서 이들은 높

---

14 각각 천 리 바깥의 사물도 볼 수 있고, 천 리 밖의 소리도 들을 수 있다는 중국 민담 속 전설적인 인물을 가리킨다.

❖ 〈인물용봉도人物龍鳳圖〉

1949년 창사시 천자다산陳家大山의 전국시대 초나라 무덤에서 출토된 그림으로, 구도가 간결하면서도 심미적으로 뛰어나다. 그림 속 여인은 무덤의 주인으로 추정되며, 하늘에 날개를 펼친 봉황과 뱀처럼 구불구불한 용이 노니는 모습이 보인다. 옛 중국인들은 봉황과 용을 신성하고 상서로운 동물로 여겼다.

은 하늘을 동경하며 천지의 비밀을 밝히고자 했습니다. 신령한 힘을 통해 다시 하늘과 연결되길 바랐지요. 이들의 바람은 천 리 높이 나는 오색찬란한 봉황과 강과 바다를 뒤집고 구름과 안개를 타며 하늘을 노니는 용을 탄생시켰습니다.

태양이 떠오르는 곳, 위엄 있는 새가 날개를 털자 온몸에서 밝은 빛이 쏟아져나오는 광경을 상상해보세요. 바로 봉황의 모습입니다. 전설에 따르면 봉황은 태양 근처 높은 언덕에 머물며 노래했다고 합니다. 그 소리에 세상 모든 새가 봉황 쪽으로 날아가 태양빛이 가려질 정도였지요. 바람이 불어오면 봉황은 천지天池를 향해 날아가는데, 수면을 쳐 파도가 솟구치게 하고는 회오리바람을 타고 9만 리나 날아갔습니다. 때때로 홀로 춤추는 봉황의 모습은 마치 바람처럼 변화무쌍했습니다. 봉황이 나타나면 태평성대가 찾아온다고 여겨졌지요.

고대 중국인들이 상상한 봉황은 세상 모든 동물의 매력을 모아 만든 형태였습니다. 앞모습은 기러기, 뒷모습은 기린 같았지요. 뱀의 목과 황새의 이마, 사람의 눈, 수탉 부리, 원앙 수염깃, 제비의 턱, 부엉이의 귀를 따 모아놓은 듯했습니다. 게다가 등에는 용 문양이 있고, 몸통은 거북이와 비슷하며, 학의 다리와 매의 발톱을 가졌고, 구불구불 이어진 꼬리를 펼쳤다 접었다 하면 마치 공작이 꼬리를 펼치는 듯했지요. 오색찬란한 봉황은 크고 무성한 오동나무에 깃들어 500년을 살다가 때가 되면 향나무를 모아 불을 붙이고 뛰어들었습니다. 그리고 그 잿더미에서 부활했는데, 이때부터 생기가 왕성해져 다시 죽지 않았다고 하지요.

이번에는 잔잔한 바다에서 갑자기 거대한 물고기가 뛰어오르자 하얀 파도가 하늘까지 용솟음치는 광경을 그려보세요. 눈 깜짝할 사이에 물고기가 형태를 바꿔 공중에서 춤추며 날면 바람과 구름의 빛깔이 달라지고 바다에는 세찬 파도가 일어납니다. 이것이 바로 용이 등장할 때의 광경입니다.

용은 물속에서 헤엄치고, 구름 위를 날고, 때로는 육지를 걸었습니다. 비바람을 부르고 구름과 안개를 타며 하늘을 자유롭게 날 수 있지요. 용은 몸을 드러낼 수도 감출 수도, 그 길이를 길거나 짧게 바꿀 수도 있습니다. 춘분이 되면 하늘로 올라갔다가 추분이 되면 연못으로 들어가지요. 머리는 보이지만 꼬리는 잘 보이지 않았고, 보통 사람의 눈에 띄지 않지만 늘 하늘을 누비고 있습니다.

고대인들에게 용은 천둥 번개, 구름과 안개, 무지개처럼 변화무쌍하고 신묘한 동물이었습니다. 그 생김새는 말의 머리와 사슴의 뿔, 뱀의 몸통, 물고기의 비늘, 악어 돌기, 이무기의 배를 모아놓은 듯했지요. 용의 등에는 81개의 비늘이, 입가에는 수염이 있었고, 턱 아래에는 영묘한 구슬이 있었습니다. 머리에는 박산처럼 솟아난 '척목尺木'이라는 뿔이 있는데 이 뿔이 없으면 하늘로 올라갈 수 없었습니다.

용은 물을 다루고 불을 뿜었습니다. 용이 움직이면 구름바다가 출렁거렸고, 멈추면 날씨가 쾌청해졌지요. 용이 숨을 쉬면 구름이 만들어졌습니다. 용은 무리 짓지 않고 홀로 하늘과 땅 사이를 날아다니며 가끔 비늘과 발톱을 드러냈습니다.

사람들은 용과 봉황에 대한 여러 이야기를 만들어냈고, 나중에는 이들을 모든 동물의 조상처럼 생각했습니다. 깃털이 달린 새는 모두 봉황의 후손으로, 털이 달리거나 비늘이 있는 육지 동물과 바다 동물은 모두 용의 후손으로 생각한 것이지요. 사람들은 훗날 수많은 길조, 무성한 전설, 기괴한 괴물, 사람 형상의 신, 심지어 역법과 기상에 대한 지식까지도 용이나 봉황과 관련된 전설로 엮어냈습니다.

이제 사람들은 봉황과 용이라는 신령한 존재에 기대 높은 하늘을 날고, 깊은 바다를 살피고, 드넓은 땅을 두루 다닐 수 있게 되었습니다. 비록 하늘과 땅을 연결하던 통로는 단절되었지만 전설 속 동물을 통해 은밀히 금기를 넘을 수 있게 된 것이지요. 인간은 용과 봉황을 통해 시간의 경계를 넘고, 팔괘를 만든 복희를 찾고, 인간에게 농사를 가르쳐준 신농을 만나고, 나뭇가지를 마찰해 불을 얻은 수인씨를 볼

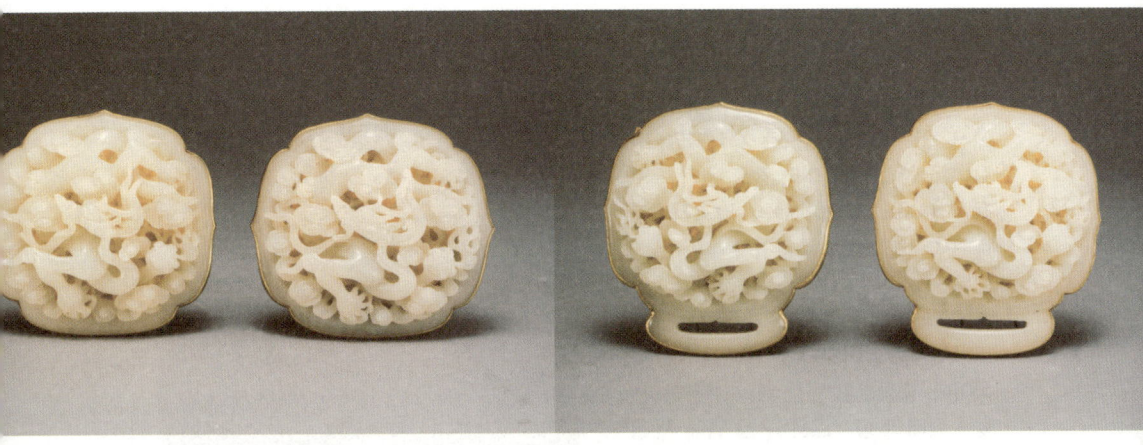

❖ 용 문양 옥대 장식

난징시 구로우구鼓樓區 장자와張家洼의 왕흥조汪興祖 무덤(명나라)에서 출토되었다. 옛 중국 관료들이 관복을 입을 때 사용했던, 옥으로 만든 허리띠 장식 조각이다. 신장위구르 호탄 지역에서 나는 윤이 나고 매끄러운 하얀 화전옥和田玉을 조각해 만들고 금으로 테를 둘렀다. 표면을 파내거나 뚫어 문양을 만드는 누조법鏤彫法을 사용했으며, 중첩된 여러 층을 통해 용의 몸이 위아래로 휘감긴 모습을 보여준다. 특히 용머리 조각이 정교해 수염, 눈썹, 구레나룻, 갈기는 물론 뿔, 코, 입, 턱도 확인할 수 있다. 용 주변의 영지버섯 같은 상서로운 구름이 마치 거대한 용이 하늘을 통과하는 듯한 생동감을 준다.

❖ **봉황 형태를 본뜬 비녀**

난징시 쉬안우구玄武區 반창촌板倉村의 서보徐補 부인 주씨朱氏의 무덤(명나라)에서 출토되었다. 금으로 제작되었으며 길이는 약 22센티미터 정도 된다. 일반적인 비녀와 달리 아래쪽이 갈고리 형태로 구부러진 것이 특징이다. 비녀 끝의 봉황은 부리가 뾰족하고 눈꼬리가 올라가 있다. 머리는 쳐들고 가슴은 내민 채 금방이라도 날아오를 듯 날개를 치는 형상이다. 풍성한 깃털을 휘날리며 여의如意[15] 형태의 상서로운 구름 위에 서 있는 정교한 예술품이다.

수도 있었지요. 신성한 곤륜산으로 가 하늘로 올라가는 길을 엿볼 수도, 서북쪽으로 가 여와가 하늘을 보수하는 데 썼던 오색창연한 돌도 확인할 수 있었습니다. 여와가 최초의 인간을 빚은 강가로 나아갈 수도, 반고가 하늘과 땅을 열었던 시작점으로 갈 수도 있었지요.

용과 봉황의 형태는 시대에 따라 끊임없이 변했습니다. 그러나 그들은 늘 인간이 세상을 더 넓게 보고 상상할 수 있게 도왔습니다. 일곱 빛깔의 구름에 휩싸인 용과 봉황은 중국인에게 신묘하고 존귀한 존재가 되었고, 마침내 그들의 상징이 되었습니다.

---

[15] 승려나 도사가 설법할 때 지니는 작은 막대기로, 그 형태가 영지버섯과 비슷하다.

고대 중국인이 신성시했던 용과 봉황

용과 봉황은 고대 동양 문화권에서 공통적으로 등장하는 상상 속의 동물입니다.

용은 동양에서 예부터 상서롭고 경사를 가져다주는 존재로 알려져 있었지요. 구름을 일게 하고 비를 내릴 수 있었으며, 수생 동물의 우두머리 격이었습니다.

봉황은 고대 전설에 나오는 새들의 왕으로 수컷을 '봉', 암컷을 '황'이라 하여 봉황으로 통칭했지요. 다섯 빛깔의 깃털을 가지고 있으며 관악기 소簫와 비슷한 소리를 낸다고 전해집니다.

용은 물을 잘 다루고 하늘을 나는 상서로운 동물인 동시에 재앙의 조짐을 보여주고 사람들에게 경외감을 주는 존재였습니다. 반면 봉황은 불을 좋아하고 태양을 향해 나는 숭고한 새로, 아름다움을 상징했습니다. 고대인들은 용과 봉황의 서로 다른 신성이 대응해 균형을 이루면 상서로운 기운이 완성된다고 여겼습니다.

❖ 용과 봉황을 그린 명나라 도자기

투명 유약을 바르고 채색한 명나라 신종 때의 법랑채 자기다. 당시에는 빛깔이 화려한 도자기를 주로 제작했는데, 상서로운 분위기를 표현하는 것을 중시했으며 예술품의 주제도 다채로웠다. 이 자기에는 다섯 발톱을 가진 용과 봉황이 그려져 있다. 고대 중국에서 용은 황제, 봉황은 황후를 상징했다.

❖ 용 봉황 문양 옥패玉佩

상나라 때 유물로 용과 봉황이 어우러진 옥패다. 봉황 머리 위에 등을 구부리고 꼬리를 말아올린 S자형 신룡이 붙어 있는데, 이는 상나라 때 장신구의 전형적인 특징을 보여준다. 봉황의 발톱 아래 끝에는 짧은 이음매가 있는데, 오랜 시간 외부 물질에 침식되어 갈색을 띤다.

❖ 용이 새겨진 나한상羅漢床16

자단목으로 만든 청나라 때의 나한상으로, 삼첩 병풍 형식이다. 평상의 뒤와 양옆에 둘러진 판에는 구름과 용 문양이 조밀하게 조각되어 있다. 앞면의 두 마리 용은 서로 마주한 채 구름 사이를 누비고 있는데, 중심에서 회전하는 화주 앞에 다섯 발톱을 펼친 모습이다. 뒷면에는 박쥐 다섯 마리가 구름 사이에서 다양한 자태로 날고 있는데, 박쥐는 복을 상징한다.17 이 평상의 다리는 나무 하나를 통째로 파 만들었으며, 평상 위쪽에 둘러진 판과 틀도 모두 자단목이다. 나한상을 제작할 만큼 거대한 자단목은 드물고 진귀했기에 위엄 있는 황실 물품으로 추정된다.

16 나한상이란 위쪽의 삼면(뒤와 양옆)에 판이 둘러져 있는 대형 평상을 가리킨다. 수면 용으로만 쓰이는 침대와 달리 낮잠을 자거나 쉬는 용도뿐만 아니라 손님 접대에도 쓰였다. 나한상이라는 명칭은 삼면에 등받이가 있는 미륵탑彌勒榻에서 유래했다는 설도 있고, 나한상 다리(또는 상판과 다리를 연결하는 판면)의 곡선 형태가 나한의 배처럼 불룩한 데서 비롯되었다는 설도 있다.

17 박쥐를 뜻하는 '복蝠' 자가 복을 뜻하는 '복福' 자와 음이 같은 데서 유래했다.

2부 · 도약

불과 도구로
문명을 일구다

중국 민족의 시조,
염제와 황제

인간을 만드는 데 힘을 쓰고 기진맥진해진 여와는 희수姬水와 강수姜水로 둘러싸인 숲에 머물렀습니다. 그곳에서 번성하는 인간 세상을 내려다보며 지냈지요. 사람들은 무리를 이루어 먹을 것을 구하고, 추위를 피하고 온기를 취하며, 서로 쫓고 싸우거나 어울려 놀았습니다. 야생 짐승으로부터 달아나고 물을 따라 이동하며 산을 끼고 머물렀지요.

사람들은 머무르던 곳에서 조심스럽게 강을 건너고 바위에 올라 사방을 둘러보았습니다. 점차 숲에서 벗어나 열린 공간으로 나아가며 뜨거운 태양과 쏟아지는 빗물, 차디찬 얼음과 눈을 경험했지요. 시간이 지나면서 그들의 몸짓은 기민해졌고, 마음에는 생기와 활기가 약동했습니다.

여와가 만든 인간의 후손 중에는 유교씨有蟜氏라는 부족이 있었는데, 그 부족에는 여등女登이라는 여인이 있었습니다. 어느 날 그녀는 들로 나들이를 나갔다가 신묘한 용을 만났지요. 용을 보고 이상한 기운을 느낀 그녀는 곧 마을로 돌아왔지만 이미 아이를 잉태한 뒤였습니다. 10개월 후, 그녀가 아이를 낳자 주위에 아홉 개의 샘이 솟아났습니다. 이 샘들은 서로 연결되어 한 곳이 출렁이면 다른 여덟 곳도 물이 찰랑거렸지요. 부족민들은 여등의 아이를 강수 주변에서 자랐다 하여 '강씨'로 부르며 어른이 될 때까지 정성 들여 키웠습니다.

한편 그 부족에는 부보附寶라는 영리한 여인도 있었습니다. 어느 날 그녀는 하늘에서 천둥번개가 치고 북두칠성이 빛나는 것을 보았습니다. 이에 감응해 아이를 잉태하게 되었지요. 그녀가 낳은 아이는 태어날 때부터 총명하고 말과 행동이 남달랐으며, 장차 천하를 통합할 아이라고 여겨졌습니다. 사람들은 그 아이를 희수 주변에서 자랐다고 해 '희씨'라고 불렀지요.

여등의 아들 강씨와 부보의 아들 희씨는 서로 다른 곳에서 자랐습니다. 시간이 흘러 장성한 이들은 각자 부족의 우두머리가 되었습니다. 강씨와 희씨는 훗날 염제炎帝와 황제黃帝로 성장했습니다. 두 사람은 천하를 둘로 나누어 제각각 차지하고 지배했지요. 두 부락은 서로 통혼하고 생산물을 교환했습니다.

이들은 서로 평화롭게 공존했으나 곧 한 가지 문제가 생겼습니다. 사람이 너무 빠르게 늘어나자 식량이나 가축을 두고 다툼이 생긴 것이지요. 염제는 불을 잘 사용했고 황제는 물에 능했는데, 세력 다툼 끝에 황제 부락이 우위를 점했습니다. 황제에게 패한 염제의 부락은 치우의 공격을 받게 되었고, 결국 황제와 염제 부락은 서로 연합해 탁록涿鹿에서 치우를 상대로 큰 전쟁을 벌였습니다. 이후 염제 부락은 남쪽으로 이동했습니다.

❖ **신농과 복희**

청나라 때 작품으로 비단에 채색한 그림이다. 염제는 농사를 발명해 '신농'이라고도 불렸으며, 종종 팔괘를 만들어 인류를 윤택하게 한 복희와 함께 묘사된다.

염제와 황제는 형제였다?

신화는 아주 오래된 기록입니다. 그 시작을 정확히 짚어내기 어려울 만큼 먼 과거에서 비롯되었고, 오랜 세월 사람들의 입을 통해 전해져왔지요. 그러다 보니 오늘날의 기준으로 보면 다소 이해하기 어렵거나 논리적으로 맞지 않게 보이는 부분도 많습니다.

염제와 황제에 관한 이야기 역시 여러 전승이 겹겹이 쌓여 전해진 결과입니다. 최근 중국 학계 일부에서는, 염제와 황제를 한 어머니에게서 태어난 형제로 보려는 시도도 있습니다. 두 사람의 어머니가 모두 유교씨 부족 출신으로 전해지다 보니 서로 다른 이야기들이 전해지는 과정에서 자연스럽게 하나로 섞였을 가능성도 있지요.

이와 함께, 염제와 황제를 실제 혈연 관계보다는 각기 다른 부족이나 세력을 대표하는 상징적 존재로 해석하는 시각도 있습니다. 이 경우 형제라는 설정은 당시의 갈등과 통합 과정을 설명하기 위해 후대에 덧붙여진 것일 수 있습니다. 신화 속 인물 관계는 사실 여부를 따지기보다 그 시대 사람들이 세계를 이해하고 질서를 설명하려 했던 방식으로 바라볼 때 한층 폭넓게 이해할 수 있지요.

농사와 의약의 시조,
염제 신농

부족을 이끌고 남쪽으로 이동하던 어느 날, 염제는 수행인을 데리고 다니며 주변 부락의 생활상을 살피다가 매서운 바람 속에서 눈에 파묻힌 씨앗을 찾고 있는 이들을 발견했습니다. 그들은 매우 초췌했고 얇은 옷을 입은 채 오들오들 떨고 있었지요. 그러다 한 사람이 작은 낟알을 찾아내자 환호성을 내질렀습니다.

염제 일행은 다른 산골에 갔다가 죽은 사슴 한 마리를 놓고 싸우는 사람들도 발견했습니다. 염제가 급히 나서 왜 다투느냐고 물었지요. 겨우 사람들을 설득해 화해시킨 염제는 계속해서 이동했습니다. 얼마 지나지 않아 죽은 아이를 안고 울부짖는 여인을 발견했지요. 그녀는 먹을 것이 없어 아이가 굶어 죽었다며 눈물로 호소했습니다.

이런 몇몇 일을 보고 염제는 밤낮으로 고민에 빠졌습니다. 그는 풀을 뜯거나 나무에서 과일을 따고 조개와 곤충 따위를 잡아 식량을 마련하는 것은 장기적인 해결책이 될 수 없다는 것을 깨달았지요. 염제는 먹고사는 문제를 논의하기 위해 각 부락의 우두머리를 소집했습니다. 어떤 부락에서는 굶어 죽은 사람이 있었고, 다른 부락은 겨울이 다가오는데 충분한 식량을 준비하지 못했지요. 한 부락의 지도자는 겨울에는 아무리 사냥을 해도 봄여름에 비해 먹을 것이 부족하다고 고했습니다. 하늘에 의지해 근근이 겨우 살아가는 상황을 어떻게 극복할 수 있을지 모두가 머리를 맞대고 논의했지요.

그러던 중 한 노인이 씨앗을 모아 물가에 심는 것이 어떻겠느냐고 제안했습니다. 염제는 그 말에 일리가 있다고 생각했습니다. 씨앗을 모아 재배하면 수확하기가 더 쉬울 것이었습니다. 다른 사냥꾼은 포획한 야생 동물을 우리에 가두어 기르며 번식시키면 사냥을 하기 어려운 겨울에 식량으로 삼을 수 있고, 온순한 가축의 힘도 활용할 수 있지 않겠느냐고 제안했습니다. 염제와 각 부락 우두머리들은 곡물을 재배해 농사를 짓고 야생 동물을 가축으로 길들이기로 했습니다.

염제는 가장 좋은 곡물 종자를 찾기 위해 사람들을 이끌고 먼 여정을 떠났습니다. 그들은 돌아다니며 곡식을 관찰했습니다. 종자를 찾아낸 뒤에는 손에 들고 있던 종자와 비교해 단단하고 풍성한 이삭에서 나온, 윤기가 있는 알곡만 남기고 쭉정이와 병든 것은 버렸지요. 하지만 그렇게 얻어낸 알곡의 양은 매우 적었습니다.

염제 일행이 일주일간 밤낮없이 걷다가 기진맥진해졌을 때, 태양 쪽에서 오색 구름과 노을을 휘감은 봉황이 날아왔습니다. 하늘의 태

❖ **신농 화상석 탁본**

산둥성 자샹현嘉祥縣 무량사武梁祠 사당 내부의 화상석으로, 염제 신농이 손에 들고 있는 것은 앞이 두 갈래로 나뉜 쟁기다. 쟁기는 초기 농기구 중 하나로, 염제가 발명했다고 알려져 있다. 그는 적합한 자연 조건에 따라 토지를 개척하고 농사를 지어 곡물을 재배할 수 있도록 가르쳐 수많은 사람을 도왔다.

양을 가릴 듯 커다란 봉황은 아름답고 눈부신 자태를 뽐냈지요. 모두가 놀란 표정으로 봉황을 바라보았습니다. 봉황은 입에 이삭이 아홉 개나 달린 벼를 머금고 있었습니다. 봉황이 사람들 위로 날아가자, 그로부터 멀지 않은 곳의 양지바른 땅에 반짝이는 황금 낟알이 가랑비처럼 떨어졌습니다.

염제는 사람들을 이끌고 낟알이 떨어진 곳으로 달려갔습니다. 그들이 도착하자 땅에서는 이미 벼가 자라고 있었지요. 그 벼의 이삭은 보통 벼보다 훨씬 크고 낟알도 꽉 차 있었습니다. 염제 일행은 드디어 좋은 농작물을 얻어 식량 부족에서 벗어날 수 있게 되었지요.

염제는 우수한 종자를 찾아내는 법 외에도 시기에 따라 농사 짓는 적합한 방법을 찾아내 사람들에게 널리 알렸습니다. 그는 농경에 필요한 쟁기를 발명했고, 소를 길들여 논밭을 갈 때 부리도록 했으며, 개와 돼지와 말을 사육하게 했습니다. 병충해를 막기 위한 독특한 침

❖ 신농을 새긴 석함

1951년 쓰촨성 신진현新津縣 바오쯔산寶子山에서 출토된 석함이다. 석함이란 한나라 때 사용되었던 장례 물품으로, 애묘崖墓(산 절벽에 굴을 파고 망자를 안장하는 방식)와 석실묘에 사용되었다. 석함에 새겨진 신농은 한 손에 지팡이를 쥐고 다른 손으로 풀을 뜯어 맛보고 있다.

종법浸種法(씨를 물에 담갔다가 심는 방식)도 발명했습니다. 그는 토양 비옥도에 따라 어울리는 곡물을 심어 합리적으로 경작하게 했습니다.

염제는 농업만 발명한 것이 아닙니다. 약초도 연구해 병이나 독초로부터 안전한 삶을 도모했지요. 농업을 발명하고 약초를 찾아낸 업적을 기려 염제를 '신농神農'이라고도 부르지요. 신농 치세기에 사람들은 야생 과일과 곡식, 생고기, 조개 등을 주식으로 삼았습니다. 그들은 늘 부상과 질병에 시달렸지요. 전염병이라도 퍼지면 수많은 사람이 목숨을 잃었고, 번영하던 마을도 순식간에 폐허가 되었습니다. 사람들을 향한 자애심이 가득했던 신농은 질병에 대한 해결책을 찾기 시작했습니다.

어느 날 황혼 무렵, 신농 일행이 초楚 인근 마을을 지나가는데 지독

한 탄내가 났습니다. 무슨 일인지 알아보려고 마을 중심으로 향하자 광장에 나뭇가지를 엮어 만든 들것이 10개가량 둥글게 놓여 있었지요. 들것 옆에는 곧이라도 숨이 끊어질 듯 중병에 걸린 사람 대여섯이 무릎을 꿇은 채 재난을 없애달라고 하늘에 기도하고 있었습니다. 악귀를 쫓기 위해 곰 가죽을 쓰고 붉은 상의에 검은 치마를 입고 허리에 예리한 화살을 차 방상方相으로 분장한 무당이 왼손에는 방패, 오른손에는 도끼를 들고 큰 소리로 주문을 외웠습니다. 그리고 복숭아나무 활과 가시나무 화살을 꺼내 사방으로 쏘며 가장 흉악한 귀신으로 알려진 백강伯强을 큰 소리로 저주했지요.

"백강, 백강! 내 활과 화살을 보아라. 동쪽 바다의 파도와 울창한 숲으로, 서쪽의 황량한 땅으로, 남쪽의 어두운 동굴로 썩 꺼져라!"

무당이 크게 주문을 외치자 주변에서 먼지가 일었습니다. 땀에 흠뻑 젖은 그는 갑자기 크게 경련하며 활과 화살을 떨어뜨렸지요. 그의 몸은 점차 위축되었습니다. 신농이 얼른 다가가 그를 부축했으나, 무당의 낯빛은 어두워졌고 곧 숨이 넘어갈 듯한 상태에서 작은 목소리로 그에게 유언을 남겼습니다.

"무술巫術로 역병을 쫓아내려 했으나 효력이 없었소. 부디 병든 백성을 구해주시오."

신농은 몹시 애통해하며 그의 눈을 감기고 사람들에게 이렇게 말했습니다.

"무당도 역병에 걸렸소. 신령한 힘으로 해결할 수 없다면 우리 자신을 스스로 지켜야만 하오. 질병을 없앨 방법을 꼭 찾아야 하오."

신농은 어떻게 질병을 다스릴지 고민에 빠졌습니다. 그러던 중 마침 서북쪽의, 흰 몸에 머리를 풀어헤치고 사는 백민국白民國에서 승황乘黃이라는 짐승을 바쳤습니다. 승황은 여우와 생김새가 비슷하고 등에 뿔이 달렸는데 약초를 분간하는 능력이 있었지요. 백민국 사람들은 몸에 병이 들면 승황을 어루만지며 말해 필요한 약초를 구했습니다. 신농은 부하들과 함께 승황을 따라 이곳저곳을 돌아다니며 약초를 찾고, 백성들의 병을 치료하기 위해 직접 약 조제법을 기록하고 정리하기로 결심했지요.

그는 승황과 부하들을 이끌고 곳곳으로 약초를 찾아다녔습니다. 땅은 광활하고 갈 길은 아득했지요. 곳곳마다 다른 식물이 자라고 있었습니다. 어떤 식물은 심지어 사람의 발길이 거의 닿지 않는 절벽에서 자랐지요. 신농 일행은 산맥을 따라 계속 이동하며 절벽을 오르고 협곡을 내려갔으며 하천과 시내를 건넜습니다. 세상 모든 산을 떠돌며 때로는 하루에 70종이 넘는 식물의 약효를 찾기 위해 직접 맛보았습니다. 그러다 밤이 되면 산비탈에 앉아 모닥불을 피우고 낮에 맛본 약초를 일일이 분석했지요. 어느 산에서 난 약초가 어떻게 생겼으며, 어느 부위와 질병에 효험이 있는지 명확하게 기록했습니다.

신농은 온갖 풀을 맛보며 독초의 독성도 정리했습니다. 사람들이 실수로 독초를 먹지 않도록 널리 알리기 위해서였지요. 그는 자신의 몸을 실험 도구 삼아 직접 풀을 맛보았고, 그중 유독한 몇몇 식물이 그에게 해를 입혔습니다. 독소를 제거하는 차가 있었으나 상태를 완화할 뿐 완치하는 것이 아니기에 신농의 몸은 점점 쇠약해졌습니다.

그러던 어느 날, 신농 일행은 염릉炎陵의 높은 산에서 그때까지 본 적 없는 식물을 발견했습니다. 작은 노란 꽃이 핀 그 식물은 차와 비슷하게 생겼지요. 일행 중 한 젊은이가 크게 환호했습니다.

"몸에 좋은 차가 분명해요. 이걸로 신농을 해독할 수 있을 거예요!"

❖ 〈제왕도통만년도〉의 신농

신농은 사람들이 굶주림에 고통받는 모습에 안타까워하며 농사의 지혜를 건넸다. 또한 사람들이 질병에 걸려 앓는 것을 보고는 직접 약초를 찾으러 세상 곳곳을 떠돌았다.

젊은이가 약초를 향해 손을 뻗자 잎사귀가 마치 거대한 애벌레처럼 꿈틀거렸습니다. 사람들은 겁에 질려 뒤로 물러섰지요.

"움직이지 말게!"

신농은 크게 외치며 젊은이를 제지하고는 조심스럽게 잎을 뜯어냈습니다. 그가 잎을 입에 넣자마자 끔찍한 일이 일어났지요. 창자가 토막토막 끊어지고 입과 코에서 피가 솟구쳤습니다. 해독을 위해 어떻게 손쓸 도리도 없이, 신농은 그 자리에서 숨을 거두었지요. 신농의 목숨을 앗아간 풀은 '단장초斷腸草'라는, 창자가 하나하나 끊어지는 듯한 고통을 주는 독초였지요.

사람들은 신농의 죽음을 애석해하며 이삭을 엮어 만든 왕관을 그의 머리에 씌웠고, 꽃망울이 맺힌 수천 종류의 약초로 그를 위한 깔개와 덮개를 만들었습니다. 신농을 기리는 행렬이 수십 리 이어지며 산천에 가득했지요. 사람들은 신농의 은덕과 공적을 기리기 위해 그를 '약왕藥王'으로 받들고 사당을 지어 제사를 지냈습니다. 그의 묘지 앞에서는 온갖 약초가 무성히 자라났지요.

사람들은 신농 덕분에 좋은 낟알로 농사를 짓고 몸이 아플 때 약초를 먹고 회복했으며, 평화롭고 안정된 삶을 살았습니다. 그는 옛사람들의 삶을 획기적으로 바꾸어 놓았습니다.

신농이 세상을 떠나고 얼마 지나지 않아 하늘이 유난히 맑고 달이 빛나던 어느 밤, 별똥별이 떨어지자 그것을 바라보던 아이가 탄성을 질렀습니다. 옆에 있던 아버지가 아이에게 이렇게 말했지요.

"저건 죽은 이의 영혼이란다."

그러자 아이가 물었습니다.

"사람은 죽은 뒤에 어디로 가나요?"

아버지는 이렇게 답했지요.

"사람은 죽으면 고향으로 돌아가지."

아이가 다시 물었습니다.

"아버지, 우리는 어디에서 온 거죠?"

아이의 질문에 아버지는 깊은 생각에 잠겼습니다. 세상은 아득하게 넓고, 인간은 아주 작은 존재입니다. 그러나 그 사이에서 빼어난 존재가 등장하기 마련이지요. 사람들을 아끼고 사랑하는 마음에 온갖 곡식과 채소를 농사 지을 지혜를 건넨 그의 이름은 '염제 신농'입니다. 그는 가시덤불을 헤치고 분주히 돌아다니며 세상을 탐구하고자 애썼던 옛사람들의 화신이지요.

중국 의학과 약의 발전사

중국 의학에 기초한 중약中藥은 풍부한 천연 자원과 오랜 역사, 그리고 문화적 배경이 함께 빚어낸 산물입니다. 중약은 단순한 치료의 수단을 넘어, 고대 중국 사회에서 사람들의 건강을 지키고 생존을 가능하게 한 중요한 지식 체계이자 문화였습니다.

중국의 원시 인류는 오랜 시간에 걸쳐 자연을 관찰하고 시행착오를 거듭하며 질병과 약효의 관계를 이해해 나갔습니다. 그 과정에서 식물의 뿌리와 줄기, 잎과 열매는 물론 동물의 내장과 뼈, 나아가 광물까지 약재로 활용했지요. 다만 중약의 상당수는 식물을 바탕으로 하고 있기에 중약을 가리켜 '중초약中草藥'이라 부르기도 합니다.

중약에 관한 기록은 매우 다양하지만 그중 가장 오래된 문헌으로 꼽히는 것은 『신농본초경神農本草經』입니다. 이 책은 신농이 직접 집필한 것은 아니며, 그의 이름을 빌려 후한 때 정리했을 것으로 추정되는 의학서입니다. 300종 이상의 약물을 효능과 독성에 따라 상·중·하 세 등급으로 분류한 점이 가장 큰 특징으로, 중국 약학의 기본 틀을 마련한 저작으로 평가받습니다.

❖ 〈구애도灸艾圖〉

송나라 화가 이당李唐의 작품으로, 중국 농촌에서 병을 치료하는 장면을 묘사했다. 의사가 뜸을 놓자 환자가 고통스러운 표정을 짓고 있다. 고대 중국의 민속과 민풍을 생동적으로 보여주는 작품이다.

❖ 경혈을 표시한 동상

높이 약 87센티미터의 동상으로, 소년의 온몸에 수백 개에 달하는 경혈이 표시되어 있다. 한쪽 다리는 곧게 펴고 다른 쪽 다리는 구부렸으며, 한 손은 위로 들고 다른 손은 아래로 내려 사람의 온몸 구석구석에 위치한 혈자리가 보기 쉽게 표시되어 있다.

차茶 전문서『다경茶經』

중국 문화 발전사에서 농업, 약초, 식물과 관련된 모든 것의 기원은 종종 염제 신농으로 연결됩니다. 약초, 식물과 관련한 문화는 오늘날까지 이어져 중국인들의 생활에서 중요한 자리를 차지하는데, 일례로 중국에서는 차 문화가 아주 오래되어 중국인들은 식사를 마치면 꼭 차를 마실 정도로 사랑하지요.

당나라 문인 육우陸羽는 세계 최초로 차 전문서『다경茶經』을 집필해 차의 성인, 다성茶聖으로 일컬어집니다. 그는 평생 차를 좋아하고 다도에 정통했으며 맛에 조예가 깊었습니다. 육우는『다경』에 "차를 마시게 된 것은 신농에서 유래했다"는 기록을 남겼습니다.

『다경』은 차에 관해 현존하는 가장 오래된 전문 서적으로 온갖 차의 효능과 맛, 그 생산의 기원과 역사, 생산 현황과 기술, 다예와 다도의 원리까지 종합적으로 다룹니다. 이 책은 평범하게 차 마시는 일을 하나의 문화로 격상시켜 중국 차 문화의 발전을 촉진한 것으로 높이 평가받습니다.

❖ 〈육우팽다도陸羽烹茶圖〉

원나라 화가 조원趙原의 작품으로, 멀리 기복이 있는 산이 보이고 시냇가에 세워진 초가집과 무성한 나무가 서로 어울린다. 평상에 육우가 앉아 있고, 그 옆에 한 소년이 차를 달이고 있다. 은거하며 한적하게 지내는 문인의 담박한 삶을 그린 작품이다.

신선이 된 염제의 딸

염제는 슬하에 여러 딸을 두었습니다. 그 딸들의 이야기도 무척 흥미로우니 하나씩 차근차근 살펴봅시다.

염제의 큰딸은 똑똑하고 배우는 것을 좋아했으며, 새로운 일은 무엇이든 해보려고 했습니다. 염제는 늘 큰딸을 데리고 다니며 각별히 가르쳤지요.

한편 염제의 측근 중에는 비를 다스리는 우사雨師가 있었습니다. 그의 이름은 적송자赤松子였지요. 적송자는 평소에는 비가 적절히 내리도록 조절했고, 맑은 날이면 '수옥水玉'이라는 약을 먹으며 심신을 수련했습니다. 시간이 지나자 그는 득도하고 신선이 되어 맹렬한 불길에서 자유롭게 날아다닐 수 있게 되었지요.

적송자의 능력에 감탄한 염제의 딸은 매일 그의 주변을 맴돌며 관찰하고 가르침을 청했습니다. 마침내 그녀 역시 하늘을 나는 기초적인 방법을 터득하게 되었지요. 두 사람은 날개를 나란히 하고 새처럼 자유롭게 한 나무에서 다른 나무로 날아다녔습니다.

그러던 어느 한가한 날, 적송자는 염제와 술을 마시며 이야기를 나누었습니다.

"인간사는 복잡하고 단맛은 적은데 쓴맛은 많습니다. 하필 이곳에 미련을 가지고 오래 머무르시는지요? 저와 함께 하늘로 올라가 자유롭고 즐겁게 지내시지요."

그의 말에 염제는 잠시 생각에 잠겼다가 답했습니다.

"우리가 모두 속세를 떠나 하늘로 날아가면, 세상 사람들은 누가 도와주겠소?"

염제는 백성들을 가리키며 덧붙였지요.

"나는 저들과 영원히 함께하고 싶다오."

적송자는 그의 의지에 감동했습니다. 염제의 뜻을 알게 된 그는 한편으로는 조금 침울해졌습니다.

그로부터 얼마 지나지 않아, 기우제를 지내던 적송자는 제단 옆에 모닥불을 피우라 명했습니다. 기우제를 마친 뒤, 그는 염제를 향해 아주 공손히 읍한 뒤 타오르는 불길 속으로 뛰어들었습니다. 이윽고 적송자는 피어오르는 연기를 따라 천천히 하늘로 올라갔지요.

적송자의 갑작스러운 행동에 구경하던 이들은 깜짝 놀랐습니다. 군중 속에 있던 염제의 딸은 사람들을 밀쳐내고 앞으로 달려나가 하늘을 향해 크게 울부짖었지요.

"적송자 님! 제발 저도 데려가 주세요!"

적송자는 공중에서 그 모습을 바라보았습니다. 염제는 그녀를 데려가게 허락하지 않을 것이었습니다. 적송자는 더 이상 뒤를 돌아보지 않고 쪽빛 하늘로 점차 멀어졌지요.

적송자가 떠난 뒤 염제의 딸은 살아갈 의지를 잃었습니다. 그녀는 사방으로 수소문하며 오로지 그의 행방을 좇았지요. 그러던 중, 우연히

　　　　　　　　　　드디어 만나는 중국 신화

❖ 〈기우도祈雨圖〉

고대 중국인들은 가뭄이 들면 비를 내려 풍년을 가져다달라고 하늘에
기도했다. 비와 풍년을 기원하는 것은 물을 숭배하는 중국 원시 문화
의 특징 가운데 하나다. 위 그림은 산시山西성 홍둥현洪洞縣 수신묘水神
廟 명응왕전明應王殿에 남아 있는 원나라 때 벽화로, 중국의 기우제 모
습을 시각적으로 재현했다. 벽화 가운데에는 관을 쓴 명응왕이 두 눈
을 부릅뜨고 있고, 그 주변으로 시종관과 선녀들이 호위하고 있다. 계
단 한가운데에는 검은 오사모烏紗帽를 쓰고 푸른 두루마기를 입은 관
리가 기도문을 올리며 명응왕에게 비를 내려달라 간구하고 있다.

그가 곤륜산의 서왕모가 살던 돌집에서 지내고 있다는 사실을 알게 되었습니다.

한편 적송자도 염제의 딸을 그리워했습니다. 그는 바람이 불고 비가 올 때마다 자유롭게 훨훨 날아다니다가도, 광야에 그림자가 비추고 하늘이 적막한 날이면 염제의 딸과 함께하던 시절을 떠올렸지요. 헤어지던 마지막 순간, 애틋하던 그녀의 눈빛이 생각났습니다.

염제의 딸은 적송자를 만나기 위해 수련에 정진했습니다. 마침내 그녀는 신선에 가까운 존재가 되었지요. 잠시 감격했지만, 이내 그녀는 깊은 근심에 빠졌습니다. 사랑하는 부모님을 차마 떠날 수 없으면서도 적송자가 너무 그리웠기 때문이지요. 그래서 그녀는 집에서 멀지 않은 산에서 자라는 뽕나무에 둥지를 틀었습니다.

염제의 딸은 때때로 흰 까치로 변해 집에 찾아왔습니다. 그러고는 공중에서 몇 바퀴 빙빙 돌며 부모님을 바라보았습니다. 때로는 원래의 몸으로 돌아와 뽕나무 아래를 배회했지요. 염제는 딸의 이상한 행동에 걱정이 이만저만이 아니었습니다.

어느 날 염제는 집으로 돌아오라고 딸을 설득하기 위해 뽕나무로 직접 찾아갔습니다. 그러자 그녀는 흰 까치로 변해 나무 위로 날아올랐고, 높은 가지에 앉아 그저 아버지를 바라볼 뿐이었습니다. 염제는 몹시 슬퍼하며 딸을 되찾기 위해 사람들을 보내 뽕나무에 불을 놓아 태워버리라고 했지요.

사람들이 뽕나무에 불을 붙이자 맹렬한 불길이 하늘로 치솟았고, 염제의 딸은 그 불길 속에서 날개를 퍼덕이며 순식간에 흰옷을 입은

❖ **염제의 딸과 뽕나무**

중국 현대 화가 허샤오웨이何小薇의 작품. 염제의 큰딸은 집에서 멀지 않은 뽕나무에서 살
다가 때때로 흰 까치로 변했다고 한다. 염제가 딸을 불러들이기 위해 뽕나무에 불을 붙이
자 그녀는 마침내 신선이 되었다.

선녀로 변했습니다. 그녀는 소매를 펄럭거리며 적송자가 그랬던 것처럼 모락모락 피어오르는 푸른 연기를 따라 날아오르더니, 천천히 하늘로 사라졌습니다.

한편 불길 속에서 단련된 뽕나무는 더 강해졌습니다. 훨씬 두껍고 높은 나무가 되었지요. 사방으로 가지를 뻗었고, 몹시 큰 잎이 자라났습니다. 나무 줄기는 붉은색, 꽃은 노란색, 꽃받침은 푸른색이었지요. 이 나무에는 더 많은 까치가 몰려들었고, 둥지를 튼 까치들이 지저귀는 소리로 가득했습니다.

신선이 된 염제의 딸은 곤륜산에서 적송자를 찾아냈습니다. 이들은 부부의 연을 맺고 함께 노닐며 자유롭게 살아갔습니다.

드디어 만나는 중국 신화

무산 신녀 요희

염제의 다른 딸 요희瑤姬는 천진하고 감상적이었습니다. 어린 시절, 그녀는 집 뒤 정원에서 노닐곤 했습니다. 그곳의 졸졸 흐르는 물소리와 따뜻하고 부드러운 바람을 좋아했지요. 그녀는 온종일 그곳에 머물며 새들의 노랫소리를 듣고 꽃향기를 맡았습니다. 그러다 배가 고파지면 비취색 새가 그녀를 위해 향기롭고 맛난 과일과 음식을 가져다주었고, 목이 마르면 꽃잎과 풀잎에 맺힌 맑은 이슬을 마셨지요. 요희는 자매들과 어울려 노래하고 춤을 추며 놀았고 정원에는 늘 은방울 같은 그녀의 웃음소리가 울려 퍼졌습니다.

요희는 나날이 성장해 꽃처럼 아름다운 아가씨로 자랐습니다. 마음이 따뜻한 그녀는 힘든 사람을 보면 슬픔에 잠겼습니다. 백성들의 어려운 사정을 알고는 종종 마음 아파하며 눈물을 흘렸지요. 또한 그녀는 우연히 마주한 씨족 어른의 손자를 남몰래 연모하게 되었습니다. 잔잔하던 마음속에 사랑의 물결이 잔잔히 일었지요.

그러던 어느 날 요희에게 청천벽력 같은 일이 일어났습니다. 그녀가 겨우 열여섯 살 되던 해, 갑자기 중병에 걸린 것입니다. 연약했던 그녀는 병마를 이기지 못해 쓰러지고 말았습니다. 요희는 병상에 누워 날마다 눈물을 흘렸지요. 매일 함께하던 꽃과 풀벌레, 물고기 사이에서 다시 한 번 자연을 한껏 누리고 싶었습니다. 계절이 바뀌고, 추위가 지나가고, 더위가 다가오는 것을 느끼고 싶었지요. 아버지를 따라 마을을 지나다 산골짜기 개울에서 우연히 보았던 그 소년을 다시

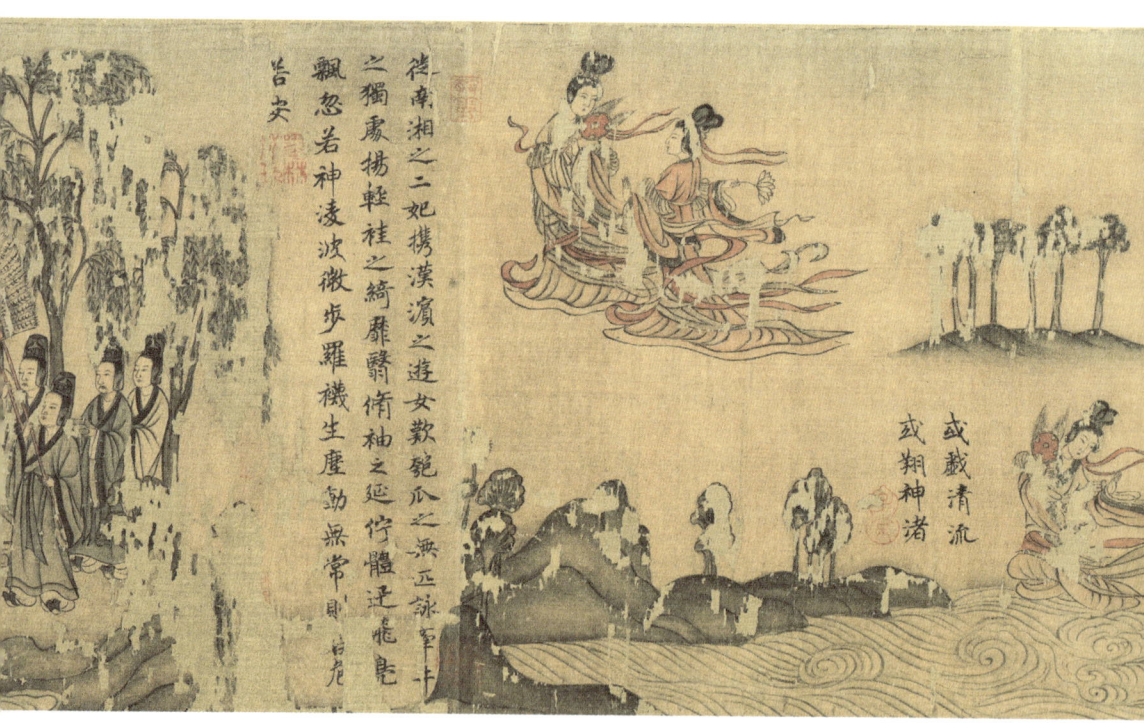

드디어 만나는 중국 신화

한 번 마주하고 싶었습니다.

요희는 세상에 대한 무한한 그리움을 품은 채 요절하고 말았습니다. 이 소식을 들은 사람들은 모두 크게 탄식했지요. 염제 부부는 몹시 슬퍼하며 요희를 고요산姑瑤山의 양지바른 곳에 묻었습니다. 꽃이

❖ 〈낙신부도洛神賦圖〉(일부)

중국 옛 시에는 무산에 살던 신녀 요희를 찬송하는 작품이 많다. 전국시대 초나라의 시인 송옥宋玉은 요희를 찬양하는 시 「신녀부神女賦」를 지었다. 그는 요희가 아름답고 고귀하며 성스럽다고 노래했다. 삼국시대 인물 조식曹植은 이를 본따 「낙신부洛神賦」를 지었는데, 그가 낙수에서 낙신과 만난 이야기를 서술한 것이다. 그림은 동진의 화가 고개지顧愷之가 조식의 「낙신부」를 바탕으로 제작한 〈낙신부도〉의 임모본(송나라)으로, 인물을 적절히 배치하고 다채로운 선과 담백한 채색으로 미감을 더했다. 중국 회화사의 보물 같은 작품이다.

에워싸고 대나무가 무성한 그곳에서 요희가 태양의 따스함을 계속 누리길 바라는 마음에서였지요.

요희가 일찍 사망한 것을 아름다운 꽃이 피기도 전에 시든 것처럼 안타깝게 생각한 천제는 그녀를 무산巫山의 구름과 비를 관장하는 신으로 삼았습니다. 요희의 영혼은 무산 정상으로 향해 요초瑤草로 변했지요. 요초는 잎이 겹겹이 자라 매우 무성했으며, 노란 꽃이 피고 한해살이 덩굴식물인 새삼과 비슷한 열매가 열렸습니다. 어떤 이든 요초 열매를 먹으면 매우 아름다워져 주변으로부터 사랑을 받았지요.

요초는 고요산에서 해와 달의 정수를 흡수하며 수련한 끝에 인간의 형상을 하게 되었습니다. 그녀는 오랜 시간 높은 절벽에서 나이 든 아버지와 자애로운 어머니를 바라보며 그리워했습니다. 요희와 그녀의 수행 시녀들은 모두 시간이 지나면서 크고 작은 산봉우리로 변했다고 하는데, 그게 바로 '무산 12봉'입니다. 12봉 중 가장 아름다운 신녀봉이 바로 요희의 화신이라고 하지요.

새벽이 되면 요희는 가물가물 피어오르는 아침 구름으로 변해 높은 산과 깊은 골짜기를 떠다녔습니다. 그러다 해가 질 무렵 저녁 비로 변해 산봉우리를 적시며 슬픈 원망을 토해냈지요. 밤이 되면 이따금씩 마음에 품은 깊은 감정을 풀어놓았습니다. 그러다 다시 새벽이면 구름으로 변했지요. 무산을 지나는 사람들은 누구나 요희의 외로움과 쓸쓸함을 느꼈습니다. 어두운 밤이면 그녀가 흐느끼는 소리가 들려왔지요. 어떤 이들은 그녀의 진짜 모습을 보았는데, 아름다운 용모에 소리 나는 장신구를 찼으며 온몸에서 특이한 향이 났다고 합니다.

요희는 무산의 아름다운 풍경을 좋아했습니다. 무산 기슭을 오가는 소박하고 부지런한 사람들을 보며 애정을 느꼈지요. 그녀는 날마다 우뚝 솟은 절벽 위에서 구당협瞿塘峽, 무협巫峽, 서릉협西陵峽 등지를 오가는 배를 멀리 내려다보았습니다. 그녀는 수백 마리의 신령한 까마귀를 협곡으로 보내 오가는 사람을 보살피고 지키도록 했지요.

그러던 어느 날, 파촉巴蜀 지역에 큰 홍수가 터졌습니다. 홍수를 다스리라는 명을 받은 우禹는 산을 뚫어 강물을 흘려보내며 무산 기슭에 이르렀습니다(우의 이야기는 이 책 후반부에서 다시 자세히 살펴보겠습니다). 물길을 뚫던 그는 그만 무산의 두꺼비 정령에게 노여움을 사고 말았지요. 이 두꺼비는 우를 저지하기 위해 신묘한 법술을 사용했고, 그는 속절없이 당했습니다. 우는 현지 사람들이 가르쳐준 대로 무산

❖ 〈구가도九歌圖〉(일부)

「구가九歌」란 초나라 문화를 노래한 시로, 굴원이 장강 이남으로 추방되었을 때 귀신을 믿고 제사 지내기를 좋아하던 초나라 풍속을 바탕으로 쓴 것이다. 그중 '산귀山鬼'라는 시에 나오는 귀신의 형상은 다양하게 해석되었는데, 이 그림은 원나라 화가 장악張渥이 「구가」에 나오는 이야기를 바탕으로 그린 것이다. 그림 속 산귀는 풀을 엮어 만든 치마를 입고 영지를 들었으며 흑표범을 타고 있다. 근대 중국의 유명한 작가이자 역사학자인 궈모뤄郭沫若는 산귀가 바로 무산 신녀라는 설을 제기했다.

신녀 요희를 찾아가 도움을 청했습니다.

요희는 아무런 대가도 바라지 않고 오직 사람들에게 이로운 일을 하고자 하는 우의 선한 마음씨에 감탄했습니다. 그녀는 물난리에 고향을 등지고 떠날 수밖에 없던 사람들을 불쌍하게 여기며, 우에게 귀신을 부리는 법술을 가르치고 바람을 막고 물을 다스릴 수 있는 천서 天書를 주었지요. 우는 요희 덕분에 두꺼비 정령을 제압하고 폭풍을 멈출 수 있었습니다. 이후 요희는 측근을 보내 무산에 협곡을 뚫어, 파촉의 홍수가 이 협곡을 지나 큰 강으로 흘러가게 만들었습니다.

드디어 만나는 중국 신화

바다를 메우는 정위

이번에는 염제의 막내딸 이야기를 살펴봅시다.

염제의 막내딸은 여왜女媧라는 이름을 가지고 있었고 매우 총명해 아버지의 사랑을 듬뿍 받았습니다. 여왜는 항상 세상에 대한 호기심이 가득했지요. 하늘은 얼마나 높은지, 땅끝까지의 거리는 얼마나 되는지, 시간은 어떻게 흐르는지… 그녀의 머릿속에는 끝없는 질문이 이어졌지요. 궁금한 것이 생길 때마다 여왜는 부모님을 붙잡고 이런저런 세상의 이치를 물었습니다.

여왜는 염제를 따라 산에 올라 사냥을 하고, 들판을 쏘다니고, 마을을 방문해 사람들의 삶을 들여다보길 좋아했습니다. 그러나 염제는 항상 세상 곳곳을 살피고 다스리는 일로 바빴으며, 해가 뜰 때 동쪽 바다로 가서 해가 질 때에야 돌아왔습니다. 늘 여왜를 곁에 데리고 다닐 수는 없었지요.

그러던 어느 날, 여왜가 염제에게 물었습니다.

"아빠, 바다는 얼마나 넓어요? 바다 저편은 어떤 곳인가요?"

그러자 염제는 인자하게 답했지요.

"바다가 얼마나 넓고 큰지는 아무도 모른단다. 우리가 아는 것이라 곤 바다가 이 세상을 둘러쌀 정도로 넓고 광대하다는 것뿐이지. 바다 끝까지 가 본 사람은 아무도 없다. 그러니 바다 저편에 무엇이 있는지 아는 사람도 없지."

대답하는 염제의 눈빛에서도 모르는 세상에 대한 동경과 갈망의 기 색이 엿보였습니다. 아버지의 낯을 빤히 보던 여왜는 마음속으로 이 렇게 생각했지요.

'언젠가 반드시 바다에 가봐야지. 내 두 발로 직접!'

어느 날, 염제가 집을 비우고 어머니도 바쁜 와중에 여왜는 지루함을 참지 못하고 집 밖으로 나섰습니다. 지금이 기회라고 생각한 그녀는 동 쪽 해변으로 급히 달려갔지요. 바닷가에 도착해 보니 작은 배 몇 척이 정박해 있었습니다. 여왜는 온 힘을 다해 작은 배 한 척을 끌고 바다로 들어갔지요. 배에 올라 뒤를 돌아본 그녀는 육지와 점점 멀어질수록 놀 라움과 기쁨, 뿌듯한 감정이 차올랐습니다.

바다는 잔잔하고 고요했으며 끝없이 푸르렀습니다. 여왜는 난생처 음 해면으로 뛰어오르는 물고기를 구경하고, 뱃전에 와 앉은 바닷새 의 지저귐을 음미했습니다. 그러나 즐거운 시간도 잠시, 갑자기 바다 에 풍랑이 일더니 여왜가 탄 작은 배가 나뭇잎처럼 이리저리 흔들리기 시작했습니다.

여왜는 놀라고 두려웠지만 소용돌이에서 빨리 벗어나 해안가에 닿길 바라며 숨죽인 채 바다의 흐름에 몸을 맡겼습니다. 그러나 바닷바람은 점점 거세졌고, 이내 산 같은 파도가 여왜의 작은 배를 덮쳤습니다. 푸르른 물이 그녀를 집어삼켰지요.

여왜가 밤새 돌아오지 않자 걱정하던 염제는 부락민들과 함께 근처 산과 해변으로 가서 사방으로 수소문했습니다. 그들은 여왜의 이름을 목놓아 불렀지요. 산과 숲에 그녀의 이름이 울려 퍼졌지만 여왜는 나타나지 않았습니다. 사람들이 여왜를 찾아 헤매다 그녀가 배를 탔던 동쪽 해안에 도달했을 때, 갑자기 바다 깊은 곳에서 작은 새 한 마리가 파도를 뚫고 날아올랐습니다.

"정위, 정위!"

머리에 무늬가 있고 흰 부리를 지녔으며 발이 붉은 그 새는 슬피 우짖었습니다. 새는 사람들의 머리 위 상공을 한참 동안 맴돌며 떠나지 않았습니다. 그 새를 본 염제가 눈물을 흘리며 말했지요.

"이 작은 새는 바로 여왜 영혼의 화신이다. 이 새를 정위精衛라고 불러야겠다. 그 아이의 영혼이 우리 인간을 영원히 지켜줄 것이다."

작은 새는 마치 염제의 말을 알아듣기라도 한 듯이 공중에서 세 바퀴 빙빙 돌더니 길고 애절한 울음소리를 남기며 서쪽 하늘을 향해 날아갔습니다.

이후 정위는 발구산發鳩山에 머무르며 날마다 '정위, 정위' 하는 울음소리를 냈습니다. 얼마 뒤, 자신의 목숨을 앗아간 거칠고 무정한 파도를 원망하던 정위는 다른 사람들이 자신처럼 허무하게 바다에 빠져 죽지 않도록 무언가를 하겠다고 다짐했습니다. 그녀는 울음소리를 내며 작은 부리로 발구산의 돌과 나뭇가지를 물고 동쪽으로 날아갔습니다. 그리고 바다 위에 그것들을 떨어뜨렸지요. 작은 티끌로 너른 바다를 메우기라도 할 듯이 말이지요.

정위는 멈추지 않고 발구산의 돌과 가지를 동쪽 바다에 빠뜨렸습니다. 훗날, 바다제비 한 마리가 근처를 날아가다 우연히 정위를 발견했지요. 그는 처음에 정위의 행동을 이해하지 못했지만, 사연을 듣고 난 뒤에는 두려움에 굴하지 않는 그녀의 정신에 감복했습니다. 정위와 바다제비는 부부의 연을 맺었지요. 이들은 많은 새끼를 낳았는데 그중 암컷은 정위를, 수컷은 바다제비를 닮았습니다. 새끼들도 정위처럼 돌을 물어다 바다를 메웠지요. 이들 가족은 날마다, 해마다, 끊임없이 돌과 가지를 물고 바다로 향했습니다.

❖ 바다를 메우는 정위

중국 현대 화가 마샤오쥐안馬小娟의 작품. 호기심에 차 동쪽 바다로 놀러갔다가 물에 익사한 여왜는 정위로 환생해 바다를 메우겠다는 불굴의 의지를 보여주었다. 이는 어려움과 위험에도 굴하지 않고 대대로 맞서 싸운 중국인들의 강인한 정신력을 드러낸다.

나뭇가지를 마찰해
불을 피운 수인씨

세상의 남쪽에는 수명국燧明國이라는, 해와 달이 전혀 비추지 않는 곳이 있었습니다. 사계절도, 아침과 낮도 없는 곳으로 어두운 밤만 끊임없이 이어졌지요. 그곳 사람들은 캄캄한 혼돈 속에서 서로 손짓으로 더듬어가며 소통했습니다.

수명국에서도 다른 나라들과 마찬가지로 남녀가 부부의 연을 맺고 자식을 낳아 길렀습니다. 그러나 암흑 속에서 자란 아이들은 어른이 되어서도 시간이 멈춘 듯 하루하루, 한 해를 그저 똑같이 반복해 살아갈 뿐이었습니다. 누군가는 이처럼 적막하고 단조로운 삶을 더 이상 견딜 수가 없다며 다른 나라를 찾아 멀리 떠났지요.

수명국에는 수수燧樹라는 거대한 나무가 있었습니다. 하늘을 향해 우뚝 선 이 거목은 뿌리가 온통 뒤엉켜 있었으며 사방에 그림자를 드리웠지요. 나무 꼭대기는 구름과 안개에 닿을 정도로 높았습니다. 수수의 짙은 그늘에서는 가끔 보석처럼 눈부시고 찬란한 빛이 반짝였습니다. 수명국 사람들은 이 빛에 의지해 생활했지요.

이때쯤 수명국에 한 용기 있는 청년이 등장합니다. 해와 달 너머에서 노닐던 그는 남쪽으로 내려와 수명국에 도달했지요. 큰 나무 그늘 아래의 빛을 본 그는 매우 이상하게 여겼습니다. 주의 깊게 나무 주변을 살피고 관찰해 진상을 밝혀내겠다고 결심했지요. 그는 나무를 꼼꼼히 둘러보다 가지 위에 발톱이 길고 등은 검으며 배는 하얀 새 한 마리가 앉은 것을 보았습니다. 부엉이처럼 생긴 그 새가 부리로 나무를 쪼아대자 불꽃이 환히 일었지요.

이를 본 순간 그는 불꽃이 튀는 원리를 깨달았습니다. 그가 나뭇가지를 꺾어 큰 나무판에 대고 비비자 과연 불꽃이 튀기 시작했습니다. 하지만 불이 일지는 않았습니다. 그는 더 단단한 나뭇가지를 찾아 끈기 있게 나무판에 문질렀습니다. 계속해서 나무를 마찰시키자 곧 사방으로 불똥이 튀며 눈부신 불이 일었지요. 그는 조심스럽게 불을 지폈습니다. 용감한 젊은이의 마음과 그를 둘러싼 세계가 환해졌지요.

이 젊은이는 주변 사람들에게 불 피우는 기술을 널리 알렸습니다. 사람들은 처음으로 진정한 온기와 광명을 느꼈습니다. 그들은 빛 덕분에 사랑하는 가족의 얼굴을 자세히 볼 수 있게 되었습니다. 저마다 횃불을 들고 집 밖으로 나가 산과 물, 꽃과 풀과 나무, 먼 산등성이를 보며 놀라고 감탄했지요. 그들은 나비를 쫓고 새가 지저귀는 소리를 흉내 내며 지금까지 겪어보지 못한 기쁨을 누렸습니다.

❖ 나뭇가지를 마찰해 불을 피운 수인씨

중국 현대 화가 자바오펑賈寶峰의 작품. 수인씨가 나뭇가지를 나무판에 대고 계속 비비자 마침내 불똥이 사방으로 튀며 불이 일었다. 불빛은 그를 둘러싼 세계와 사람들의 삶을 밝혔다. 사람들은 비로소 불을 사용해 음식을 익히고, 질그릇을 굽고, 따스한 온기를 취할 수 있게 되었다.

사람들은 불 피우는 법을 가르쳐준 청년에게 고마워하며 그를 따랐습니다. 그를 '불을 일으킨 사람'이라는 뜻의 수인씨燧人氏라고 불렀지요. 수인씨는 부단히 연구하며 계절에 따라 불씨를 일으키기 좋은 나무를 찾아냈습니다. 봄에는 느릅나무와 버드나무, 여름에는 대추나무와 살구나무, 늦여름에는 뽕나무와 산뽕나무, 가을에는 떡갈나무와 졸참나무, 겨울에는 회화나무와 박달나무에서 불을 얻었지요. 그는 불 피우는 기술을 자신의 고향을 비롯해 당도하는 모든 지역에 전했습니다. 그의 명성도 온 세상에 알려졌지요.

이렇게 불씨가 세상에 널리 퍼졌습니다. 사람들은 동물의 고기를 불로 익혀 먹었지요. 불씨의 온기에 긴 밤과 추운 겨울을 따뜻하게 보냈습니다. 산을 불태우고 짐승들을 한곳으로 포위해 사냥했고, 들판을 태워 농사를 준비했습니다. 불을 사용해 질그릇을 굽고 청동을 주조했으며, 쇠를 불리고 흙을 구웠지요. 불은 이렇게 문명을 밝혔습니다.

❖ **수황릉燧皇陵**

중국 신화 속 불을 가져다준 영웅 수인씨를 기리는 유적지다. 그리스 로마 신화의 프로메테우스가 신의 불을 인간 세상에 전파했다면, 중국 신화에서는 수인씨가 나뭇가지로 불을 피워 세상에 빛과 온기를 가져왔다.

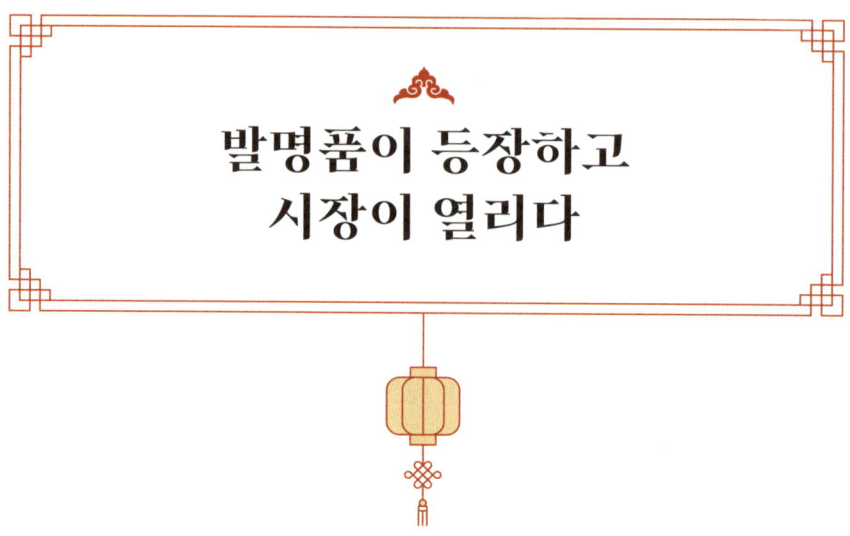

발명품이 등장하고
시장이 열리다

불 피우는 법을 터득하게 되자 생활은 윤택해졌고 인구는 점점 더 늘었으며 식량이 갈수록 부족해졌습니다. 사람들은 풀과 나무에서 열매를 채취했지만 수확량이 굉장히 적었고, 때로는 강에서 잡은 조개의 독성에 중독되어 아까운 목숨을 잃었습니다.

물고기를 먹고 싶으면 직접 물에 뛰어들어야 했고, 고기를 먹으려면 숲에서 야생 짐승이나 새를 재빠르게 사냥해야 했습니다. 그러나 인간의 신체 조건은 다른 동물에 비해 불리해 사냥을 하며 목숨을 잃거나 어려움에 처하는 경우가 많았지요.

신농이 좋은 곡식을 모아 땅에 뿌리고 농업을 널리 퍼뜨린 뒤 사람들은 밭을 갈고 농사를 짓기 시작했습니다. 그때부터 안정적으로 식량을 얻을 수 있었지요. 또한 신농이 몸을 희생해 좋은 약초와 독초를 구분해준 덕분에 사람들은 독을 피하고 약을 얻을 수 있었습니다. 일상에서는 독이지만 특정 질병에는 약이 되는 식물의 특성도 파악할 수 있게 되었습니다.

이렇게 불을 사용하고 농사를 짓고 약초를 구분하게 되자 사람들은 점점 용기를 얻고 사회를 발전시켰습니다. 갖가지 도구를 끊임없이 발명해 인간의 신체적 한계를 극복했고, 자연재해에 대비해 위협을 미연에 방지했습니다.

하늘을 나는 새나 바다를 헤엄치는 물고기를 잡는 데 어려움을 겪던 인간은 거미줄을 본떠 그물을 만들었습니다. 그물을 얻은 뒤로 사람들은 새와 물고기도 수월하게 잡을 수 있었지요.

반般이라는 이는 나뭇가지를 휘어지게 당겼다가 놓으면 원래 형태로 돌아가는 것에서 영감을 얻어 활과 화살을 발명했습니다(다른 기록에서는 황제의 측근 휘揮가 활과 화살을 발명했다고 하지요). 이제 사람들은 더 이상 야생 짐승을 직접 쫓아 사냥할 필요가 없어졌습니다. 멀리 떨어진 곳에서도 활만 쏘면 됐지요.

인간은 드넓은 강의 세찬 물살을 거슬러 헤엄쳐 건널 수 없었는데, 공고共故라는 사람은 박이 물 위를 둥둥 떠다니는 모습, 통나무가 물에 가라앉지 않는 모습을 보고 물 위를 떠다닐 방법을 고안해냈습니다. 마른 나무를 파내 배를 만들고, 나무의 줄기를 평평하게 깎아 노를 만든 것이지요. 이때부터 사람들은 배와 노에 의지해 강을 건널 수 있게 되었습니다.

인간은 물건을 들거나 끄는 힘도 약했습니다. 한때 염제와 세력 다툼을 했던 황제는 수레와 바퀴를 고안해냈지요(황제를 보필하던 부하의 아이디어였다는 기록도 있습니다. 황제가 수레를 만든 이야기는 바로 뒤에서 자세히 살펴보겠습니다). 사람들은 더 이상 무거운 짐을 지고 힘겹게 이동할 필요가 없었습니다. 수레에 짐을 싣고 바퀴만 굴리면 무거운 짐도 쉽게 옮길 수 있었지요.

다양한 발명품들과 함께 인간 사회는 점점 발전했습니다. 그물, 활과 화살 덕분에 손으로 잡지 못하는 물고기나 새를 잡을 수 있게 되었고, 배와 노, 수레의 발명으로 직접 걸을 필요 없이 먼 거리를 이동할 수 있게 되었습니다. 먹을 것과 입을 것이 풍족해졌고, 점차 '잉여 물품'이 생겨났습니다.

어떤 이에게는 넘쳐나는 것이 다른 이에게는 없는 경우가 생기자, 사람들은 정기적으로 물품을 교환할 장소를 정하고 그곳에서 각자 가진 물건을 들고 만나 필요한 것을 주고받기로 했습니다. 비로소 시장이 형성된 것이지요. 아직 시계가 발명되기 전이라 정확한 시간을 알 수 없던 사람들은 해가 하늘 한가운데 떠 있을 때 시장에서 만나 거래하기로 약속했습니다. 그리고 해가 저물 무렵, 각자 필요한 것을 얻은 사람들은 기쁜 마음으로 집으로 돌아갔지요.

불씨를 얻고 농사를 시작한 후, 다양한 발명품과 함께 인간사는 점차 발전했습니다. 그들은 기술을 습득하고 지식을 축적했지요. 얻어낸 기술과 지식을 미래 세대에 전수해줄 방법도 찾아야 했습니다. 그때까지 사용하던 결승문자로는 구체적인 내용을 남길 수 없었습니다. 인류에게는 새로운 기록법이 필요해졌지요.

드디어 만나는 중국 신화

❖ **선형채도호**船形彩陶壺

그물 모양이 그려진 배 모양 토기로, 산시陝西성 바오지寶鷄 베이서우링北首岭에서 출토되었다. 물을 담는 휴대용 물병으로, 학자들은 신석기 전기의 이 토기를 보고 당시 사람들이 그물을 짜 어업에 사용했을 것으로 추정한다.

수레를 발명한 황제

앞에서 염제와 황제 모두 유교씨 일족의 여인들에게서 태어났다고 했습니다. 황제는 부보라는 여인에게서 태어났습니다. 어느 깊은 밤, 그녀는 천둥 소리에 깜짝 놀라 잠에서 깨어 문을 열고 바깥을 내다보았습니다. 번갯불이 북두칠성을 휘감고 돌며 온 하늘과 땅을 비추더니 그녀를 스쳤지요. 부보는 두려움에 떨며 문을 닫고 몸을 피했지만, 이미 신묘한 기운이 그녀의 몸을 관통했습니다.

한 달 후, 그녀는 자신이 신의 아이를 잉태했음을 알았습니다. 임신 기간이 유달리 길었기에 부족민들이 모두 염려하며 이 이상한 아이의 탄생을 애타게 기다렸습니다. 마침내 24개월 만에 황제가 태어났습니다. 포대기에 싸인 아이는 한눈에 봐도 범상치 않았습니다. 눈썹 부근의 뼈가 튀어나오고 콧대는 매우 높아 용의 얼굴과 비슷했지요. 그는 태어난 지 얼마 지나지 않아 말하고 걸을 수 있었으며, 주변의 모든 것을 관찰하고 모방하는 데 뛰어났습니다. 그는 많은 사람들의 지지를 받아 부락의 우두머리가 되었지요.

황제는 중원 일대가 몹시 광활하고 비옥하다는 소문을 듣고는 부족

❖ 〈제왕도통만년도〉의 황제

황제는 중국 신화 속 주요 신으로 염제와 함께 중국에서 시조로 추앙하는 인물이다. 중국 한족의 전신인 화하족華夏族의 시조로도 여겨진다.

민을 이끌고 이주하기로 결심했습니다. 그러나 거대한 부족 전체가 이주하는 것은 쉬운 일이 아니었지요. 살림살이를 전부 들고서 어른부터 아이까지 모든 사람들을 이끌고 이동하니 그 속도가 몹시 느린 데다가 반나절에 한 번씩은 쉬어야 했습니다.

어느 날, 한낮에 이동하던 황제와 그 부족민이 길가에 앉아 쉬고 있는데 갑자기 회오리바람이 불어와 땅을 휩쓸기 시작했습니다. 바람이 소용돌이치며 마른 풀이 뽑혔지요. 마른 풀들은 저들끼리 휩쓸려 뭉쳐 한 덩어리가 되었지요. 풀뭉치는 땅 위를 굴러가며 점점 더 커졌습니다. 빠르게 굴러가더니 얼마 지나지 않아 저 멀리 사라졌습니다.

눈앞의 일을 주의 깊게 관찰한 황제는 깨달음을 얻었습니다. 그는 일전에 기굉국奇肱國의 무늬 있는 말이 끄는 바퀴 두 개 달린 '수레' 이야기를 익히 들어 알고 있었지요. 처음 그 이야기를 들었을 때는 바퀴에 큰 관심을 두지 않았는데, 마른 풀뭉치를 보고 땅 위를 구르는 바퀴의 원리를 이해한 것입니다.

황제는 부족민들에게 물어 도자기를 만들 때 쓰는 나무 원반을 찾아냈습니다. 그는 나무 원반을 산비탈에서 세게 밀었습니다. 원반은 산 아래로 데굴데굴 멈추지 않고 굴러갔지요. 황제는 크게 기뻐하며 부하들에게 조롱박을 쪼개 그 원반과 같은 모양으로 만들라고 지시했습니다. 그렇게 만든 바퀴 중앙에 구멍을 내고, 하나의 축으로 두 바퀴를 연결한 다음 물건을 실을 수 있는 나무 상자를 그 위에 올렸습니다. 그리고 비탈진 길을 따라 바퀴를 굴렸더니 무거운 짐을 싣고도 쉽게 굴러갔습니다. 수레를 발명해낸 것이지요.

황제의 측근 중 해膠라는 이는 인간이 아닌 소의 힘으로 수레를 끌 것을 제안했습니다. 소의 목에 구부러진 가로목을 얹고, 그 양 끝에 밧줄 두 개를 묶어 수레에 연결하는 방법이었지요. 이렇게 무거운 짐을 수월하게 옮길 수 있게 되었습니다.

수레를 사용하면서 이주 행렬은 날개 돋친 듯 빨라졌습니다. 걷기 힘든 노약자들은 수레 위에 타고, 젊은이들은 그 옆에서 나란히 걸었습니다. 그들이 웃고 떠드는 소리가 소의 헐떡이는 숨소리를 덮었습니다. 몇몇 악공은 수레에 올라 흥겹게 노래하고 연주했습니다. 그 소리는 아주 먼 곳까지 퍼져나갔습니다.

❖ **진시황릉 2호의 청동 마차**
진시황릉에서 출토된 청동 마차로, 당대 중국인들의 기술을 보여주는 유물이다. 마차 전체가 청동으로 주조되었으며 구름, 기룡, 기하학적인 문양 등을 통해 당대 사람들의 예술성을 확인할 수 있다.

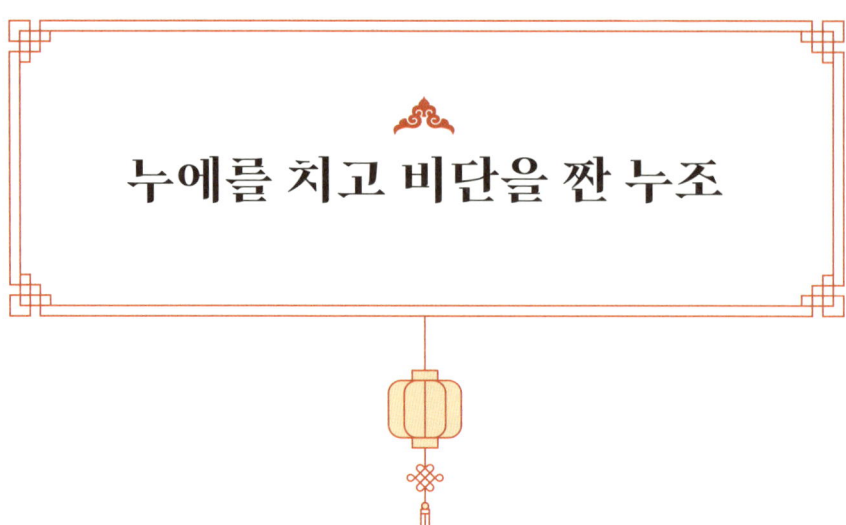

누에를 치고 비단을 짠 누조

음력 3월 6일, 서릉씨西陵氏 부족의 우두머리 집안에서 한 여자아이가 태어났습니다. 사흘 밤낮으로 광풍과 폭우가 이어지고 있었지요. 그녀의 아버지는 딸을 얻고 하늘에 정성 들여 기도를 올렸습니다.

"딸이 태어났습니다. 하늘이시여, 길흉을 알려주십시오."

무당이 점을 치고 이렇게 말했지요.

"재성災星[18]과 재난이 동시에 올 것이니, 재성을 제거하지 않으면 비바람은 멈추지 않을 것이오."

부족의 우두머리인 아버지는 반나절 동안 고민에 빠졌습니다. 부족

---

18 고대 중국에서는 혜성을 '재성'으로 칭했는데, 별에 이상이 생기면 인간 세상에도 그와 상응하는 재난이 생긴다고 여겨 재난을 불러오는 사람이나 사물을 '재성'이라고도 불렀다.

에 재앙이 닥치는 것을 막기 위해 결단을 내려야 했지요. 그는 가족들에게 비밀로 한 채 무당에게 딸을 건네주며 멀리 떨어진 산골짜기로 데려가 버리게 했습니다.

갓 태어난 딸을 한참 동안 찾던 부인은 끝내 아이를 찾지 못하자 상심에 빠졌습니다. 하지만 폭풍우가 그치지 않아 아이를 찾으러 집 밖으로 나갈 수도 없었지요. 그녀는 몇 번이나 혼절했고, 집안에는 무거운 슬픔이 내려앉았습니다.

얼마 지나지 않아 갑자기 비바람이 그치더니 햇빛이 눈부시게 쏟아졌습니다. 부인은 식솔들을 데리고 산골짜기로 달려갔습니다. 모두가 곳곳을 샅샅이 뒤지며 아이를 찾았지요.

놀랍게도 포대기에 싸인 아이는 비바람에도 전혀 다치지 않은 채 나무 구멍 안에 얌전히 누워 단잠에 빠져 있었습니다. 사람들이 놀라 웅성거리는 소리에 잠에서 깬 아이는 방긋 웃음을 지었지요. 그 모습에 부모와 모든 사람들이 크게 감동했습니다. 부인은 남편을 붙잡고 간곡히 애원했지요.

"큰 재난에도 죽지 않았으니 이 아이는 재앙의 별이 아니라 하늘이 주신 보물이 분명해요. 절대 다시 버려서는 안 됩니다!"

남편 역시 크게 감동을 받고는 자신이 저지른 일을 후회했습니다. 그는 딸을 안고 이렇게 말했지요.

"우리가 이곳에 정착한 지 벌써 10대를 넘기면서 처음으로 이런 재앙을 당했으니, 아마 아이의 운명이 조상들과 얽혔던가 보오. 이 아이를 누조累祖라고 부릅시다."

누조는 자라서 아름답고 총명한 아가씨가 되었습니다. 그녀는 날마다 밖으로 나가 신선한 과일을 따고 또래 아가씨들과 모여 앉아 바느질을 했습니다.

그러던 어느 날, 누조는 뽕나무의 누에가 하얗고 가는 실을 토해내 고치를 만들고 제 몸을 감싸는 광경을 발견했습니다. 호기심이 생긴 그녀는 흰 고치실을 손으로 잡아당겨 보았지요. 누에가 토해낸 실은 무척 질기면서도 가벼웠습니다. 그녀는 그 실을 모아서 부모님의 옷을 짰습니다. 고치실로 짠 옷은 여름에는 시원하고 겨울에는 따뜻하며 착용감이 매우 편했습니다.

여기에서 영감을 얻은 누조는 누에를 몇 마리 잡아 집으로 가져가 기르기 시작했습니다. 누에가 실을 토해 고치를 만들 때까지 정성껏 보살피고, 고치를 만들면 그 고치를 켜 실을 뽑아 비단을 짰습니다. 누조는 이 방법을 사람들에게 아낌없이 널리 가르쳐주었고, 이후 서릉국 사람들은 더 이상 나무 껍질과 짐승 가죽이 아니라 아름답고 가벼운 비단으로 옷을 만들어 입기 시작했습니다. 총명하고 유능한 누조는 서릉국의 우두머리가 되었습니다.

누조의 치세 아래에서 서릉국은 평화를 유지했습니다. 그러다 봄이 끝나고 여름에 접어들 무렵, 터전을 옮기던 황제와 그의 부족민들이 서릉국에 도달했습니다. 서릉국은 두 산 사이 평원에 넓게 펼쳐져 있었지요. 황제 일행이 지형을 살펴본 결과, 서릉국을 에둘러 이동한다면 꽤 먼 거리를 돌아가야 했지요. 황제는 길을 놓고 협상하기 위해 사람을 보내 서릉국 우두머리와 강가에서 만나기로 했습니다. 황제 일행

드디어 만나는 중국 신화

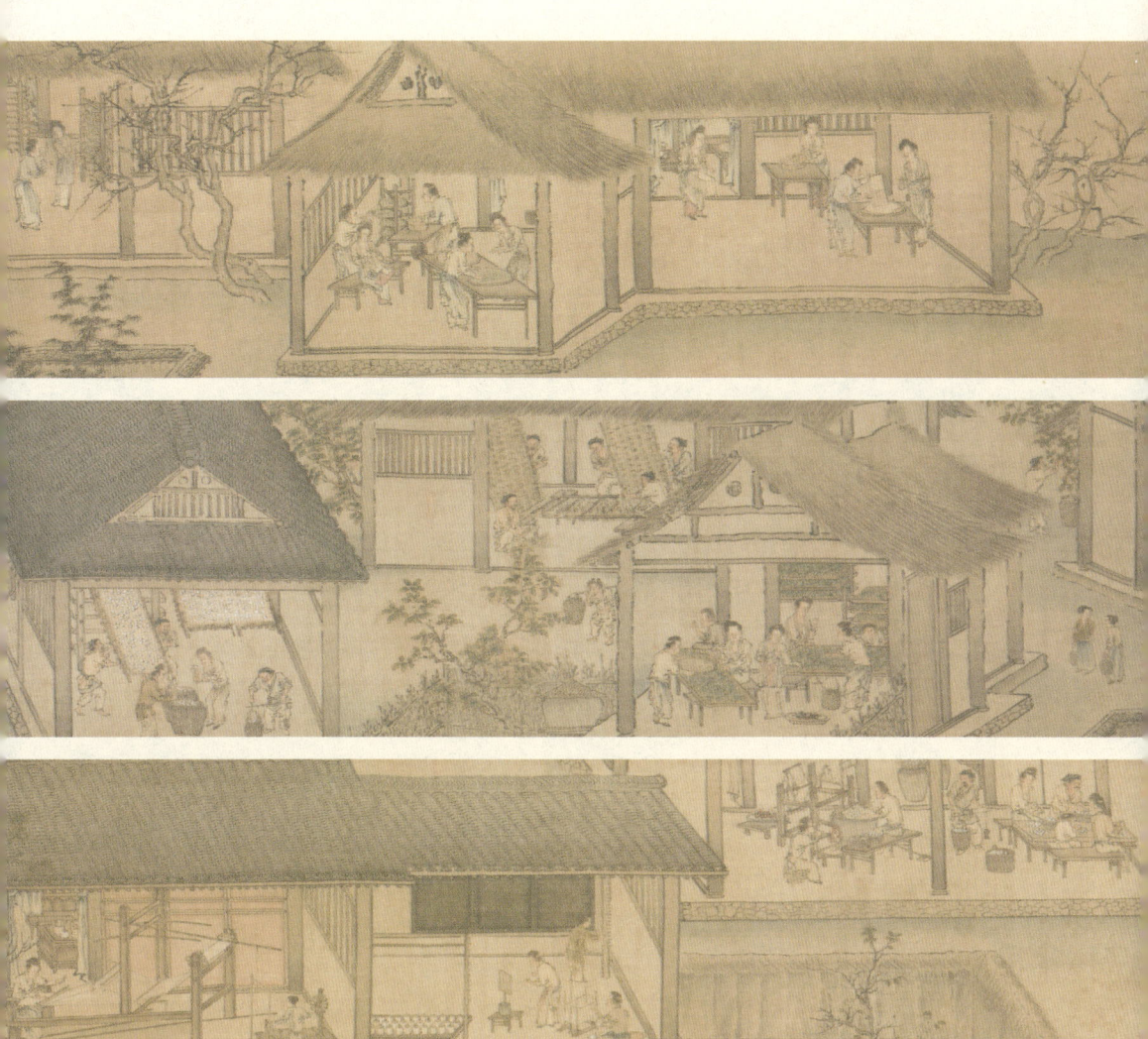

❖ 〈잠직도蠶織圖〉

남송 중기의 화가 양해梁楷의 작품으로, 사람들이 누에고치에서 실을 켜 비단 짜는 장면을 보여준다. 중국 잠직 기술사를 보여주는 진귀한 작품이다.

은 해를 끼칠 의도가 없다는 것을 전달하기 위해 삼베로 짠 옷, 사슴 가죽으로 만든 신발과 허리띠를 착용하고 옥 장신구까지 걸쳤지요.

이윽고, 봄바람에 강가의 푸른 버드나무가 흔들리고 향기로운 풀이 무성한 가운데 누조가 수행원들을 거느리고 나타났습니다. 누조가 가까이 다가오자 황제의 시선은 그쪽으로 쏠렸지요. 그녀는 젊고 아름다웠으며 품위가 있었습니다. 누조 일행이 입은 옷은 황제 일행이 그때까지 본 적 없는 소재였는데, 마치 하늘에 떠다니는 흰 구름처럼 우아하고 매끄러우며 섬세해 보였지요. 황제는 그 옷뿐만 아니라 누조에게 한눈에 반했습니다.

누조 또한 황제를 유심히 관찰했습니다. 그는 예의 바르고 훤칠하며, 위풍당당하고 용맹한 기상을 지니고 있었지요. 황제 부족과 누조 부족은 서로 마음을 터놓고 즐겁게 이야기를 나누었습니다.

한동안 이야기를 나누며 길에 대한 협상을 마친 뒤 누조는 황제를 마을로 초대했습니다. 마을에 들어서자 집집마다 문 앞에 푸르고 싱싱한 뽕나무가 자라고 있었지요. 뽕나무의 푸른 잎사귀 위에는 통통한 흰 벌레가 꿈틀거리고 있었습니다. 누조가 잡아 길들인 집누에였지요. 집누에는 야생누에보다 크고 실도 더 많이 토해냈습니다. 황제가 신기하다는 듯 누에를 바라보자 누조는 환히 웃으며 설명했지요.

"이것은 우리가 잡아 길들인 집누에입니다. 집누에가 토해낸 실로 옷감을 짜면 매우 가볍고 부드럽지요."

누조는 그들에게 다양한 견직물을 보여주었습니다. 견직물에 매료된 황제는 수행원에게 누에를 치고 비단 짜는 방법을 기록하게 했습

❖ 금동 누에

1984년 산시陝西성 스취안현石泉縣 츠허진池河鎭에서 출토된 한나라 때 유물이다. 이 금동 누에에는 머리부터 꼬리까지 전신이 총 아홉 개의 배마디로 이루어져 있으며, 실을 토해낼 듯 고개를 들어올린 형태로 만듦새가 실제 누에와 매우 비슷하다. 이 유물이 출토된 곳은 고대에 양잠업이 매우 번성했고, 한나라 때는 양잠업과 제사업製絲業이 정점에 이르러 관부에서 대규모 작업장을 운영했다고 한다.

니다. 며칠간 누조의 안내를 받으며 서릉씨 부족을 돌아보던 황제는 이 총명한 여성 부족장을 점점 더 연모하게 되었습니다. 누조 역시 늠름한 황제에게 빠져들었지요.

밤낮으로 고민한 끝에 황제는 누조와 결혼하고 서릉족과 연을 맺기로 결심했습니다. 그는 구혼하기 위해 사람을 보냈고, 누조는 이 제안을 흔쾌히 받아들였지요. 두 부락이 하나로 합쳐지면 더욱 강대해질 것이었습니다.

두 사람의 결혼 후 황제의 부족은 서릉씨 부족에게 누에를 치고 실을 뽑고 비단 짜는 기술을 전수받았습니다. 부드럽고 아름다운 옷을 입게 된 사람들은 지금까지와는 색다른 행복을 느꼈습니다.

비단으로 연결된 동서양 문화

고대 중국에서 비단은 누에 고치에서 얻은 실로 짠 직물만을 가리켰습니다. 현대에는 방직물의 원료가 확대되어 인공 또는 천연 섬유를 사용해 직조한 인견 역시 넓은 의미에서 비단으로 여겨지지요. 특히 뽕나무 잎을 먹고 자란 뽕누에의 고치실로 짠 비단은 '순견純絹'이라고 불리며 매우 귀하게 여겨집니다.

중국인들은 비단을 발명하고 대량으로 생산을 시작했습니다. 그들이 생산한 비단은 곧 주변 국가에서 명성을 얻었고 널리 퍼져나갔지요. 중국인들은 비단을 매개로 세계 역사상 최초로 동서양을 잇는 대규모 무역로를 개척했습니다. 잘 알려져 있는 실크로드(비단길)지요.

중국 전한 때부터 비단은 꾸준히 해외로 수출되는 귀한 상품이었습니다. 중앙아시아와 서아시아 그리고 유럽의 상인들은 금과 은, 값비싼 술, 향신료 등을 가지고 중국으로 와 비단과 교환했지요. 이들은 중국을 '비단의 나라'라고 부르며 높이 예우했습니다.

❖ 〈장건출사서역도張騫出使西域圖〉

막고굴 제323굴 북쪽 벽의 벽화로, 고대 중국의 장건張騫이라는 인물이 한 무제武帝의 명을 받아 사신 100여 명을 이끌고 서역으로 떠나는 장면을 묘사하고 있다. 장건은 중국 문화를 서역에 전파하고 그곳으로부터 포도, 거여목, 석류, 참깨 등을 들여와 동서 문화 교류를 촉진했다. 그림 우측 상단에는 전당이 있는데 무제가 신하들과 향로를 들고 참배하고 있다. 하단에는 무제가 말에 올라타 있고 장건이 무릎을 꿇어 인사를 올리고 있다. 좌측 상단에는 말을 탄 장건 일행과 성곽이 보이는데, 장건 일행을 산과 함께 그려 그들의 고생스러운 여정을 표현했다.

❖ 〈객사도客使圖〉

산시陜西성 첸현乾縣 장회태자章懷太子 묘에서 발견된 벽화로, 그림에는 총 여섯 인물이 있다. 왼쪽 세 사람은 당나라 관리로 모두 당 초기 관복을 입고 있으며 오른쪽 세 사람은 외국 사절로 추정된다.[19] 이 그림은 당나라가 비단길을 통해 먼 서역까지 세계 각국과 폭넓게 교류했음을 보여준다.

---

19 3명의 외국 사절 중에서 대머리에 코가 높은 사람은 동로마 제국의 사신으로 추정된다. 그 옆에 조우관鳥羽冠을 쓴 사람은 신라 사신일 가능성이 가장 높은데, 고구려, 백제, 발해, 일본 사신이라는 의견도 있다. 귀덮개가 달린 모자를 쓰고 제일 마지막에 서 있는 사람은 중국 동북 지역에 있었던 나라에서 온 사자로 추정되는데, 말갈족일 가능성이 높다.

문자를 발명한 창힐

아주 먼 옛날, 사람들은 끈으로 매듭을 만들거나 나무에 새기는 방식으로 중요한 일이나 사건을 기록했습니다. 그러나 농사와 의약, 수레와 배를 발명하고 누에고치에서 실을 뽑아내는 등 기술이 발전할수록 점점 구체적이고 상세한 기록법이 필요해졌지요. 표현해야 할 개념이 많아지며 매듭이나 나무에 새긴 표식만으로는 더 이상 뜻을 전달하기 어려웠습니다. 게다가 이들은 쉽게 썩고 훼손되기에 오래 보존할 수도 없었지요. 이런 문제를 극복하기 위해 사람들은 더 효과적인 기록 방식을 찾고자 했습니다.

사람들이 한참 고심하고 있을 때, 하늘에서 성스러운 지혜를 지닌 창힐倉頡이 내려왔습니다. 그는 특이하게도 눈이 네 개였으며 눈빛에 총기가 있었고, 용과 같은 범상치 않은 외모를 하고 있었지요. 그에

대한 소문을 들은 황제는 사건을 기록할 새로운 방법을 청하고자 창힐을 찾아갔습니다. 황제와 대화를 나누고 임무를 받아들인 창힐은 그날부터 깊은 생각에 잠겼지요.

겨울이 오고 눈이 펑펑 내리던 어느 날, 창힐은 이른 아침에 우연히 나갔다가 길에서 사냥꾼 몇 사람을 만났습니다. 그들은 눈 위의 발자국을 보며 무엇이 사슴이고 곰인지, 꿩은 어느 방향으로 갔는지 토론하고 있었습니다. 이들을 유심히 보던 창힐에게 번뜩이는 아이디어가 떠올랐습니다. 만약 이 발자국을 그대로 그려 사람들에게 널리 알리면 사슴과 곰, 꿩을 표현할 수 있을 것이었지요.

❖ **창힐 화상석 탁본**
산둥성 린이시臨沂市 이난沂南의 한나라 무덤에서 출토되었다. 왼쪽 인물은 눈이 네 개에 긴 수염이 있으며, 가죽 옷을 입고 큰 꽃나무 아래에 앉아 있다. 그 아래에는 '창힐'이라고 적혀 있다. 창힐은 왼손 다섯 손가락을 펼친 채 맞은편 사람과 이야기를 나누고 있다.

드디어 만나는 중국 신화

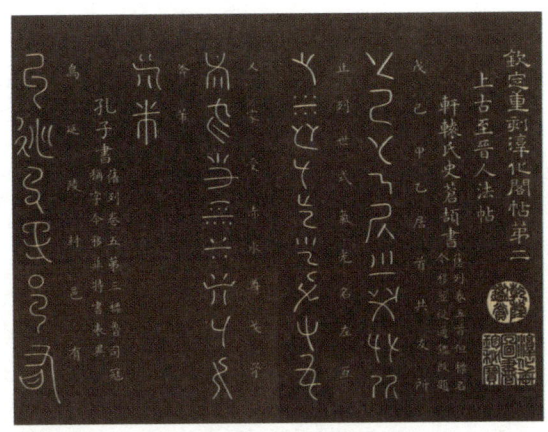

❖ 『순화각첩淳化閣帖』에 실린 창힐조적서蒼頡鳥迹書

산둥성 서우광시壽光市 창힐 무덤에서 나왔다고 전해지는 중국 문자의 원형이다. 작은 도형들로 구성되어 있으며, 창힐이 만든 상형문자의 본디 형태라고 전해진다. 중국 송나라 태종 때의 서예첩인 『순화각첩』에 실린 석각 탁본이다.

　　하지만 다시 생각해보니 다른 문제가 있었습니다. 만약 곰이나 사슴을 본 적이 없다면 그 발자국도 구분하지 못할 테니까요. 그렇다고 곰과 사슴을 실제로 그리는 것은 너무 복잡해 시간도 오래 걸렸고, 사람마다 그림이 달라 정확한 의미 전달이 어려울 것이 뻔했습니다.

　　고민하던 창힐의 머릿속에 불현듯 복희의 64괘가 떠올랐습니다. 이들 괘상卦象으로 세상의 모든 것을 절묘히 표현할 수 있으니, 복잡한 사물도 간단한 획으로 나타낼 수 있을 듯했습니다. 괘에서 영감을 얻은 창힐은 만물의 형태에 따르되 간단한 점과 선으로 복잡한 의미를 표현하는 방식의 문자 만들기에 착수했습니다.

　　창힐은 먼저 원 중앙에 점을 그려 해日를 표현했습니다. 새의 머리

형태 안에 눈을 하나 그려넣어 새鳥를 표현했지요. 나뭇가지를 보고
는 몇 개의 획을 그려 나무木를 표현했습니다. 이런 식으로 창힐은 자
연 형태에 근거해 간결하고 아름다운 문자를 만들어냈습니다. 태양日
과 달月, 산山과 하천川, 소牛와 양羊, 새鳥와 사람人까지 사물을 본떠
표현한 이 문자를 상형문자象形文字라고 합니다.

창힐은 현실의 사물을 본떠 문자를 만들었지만, 이것만으로 모든
사물을 지칭하기는 어려웠습니다. 그래서 두 개 문자의 뜻을 결합하
거나 뜻과 소리를 결합한 새로운 문자를 만들어내기도 했지요.[20] 그
는 위로는 하늘의 이십팔수 열다섯째 별자리인 규성奎星[21]을 살피고,
아래로는 거북의 등껍질 문양과 산천의 기복을 관찰했습니다. 이런
자연 현상을 본떠 자신의 손바닥에 하나하나 써보며 다양한 문자를
창조해냈지요.

창힐이 문자를 만들자 천지의 귀신들 사이에 한바탕 소란이 일었습
니다. 이들은 모두 크게 놀라고 겁에 질렸지요. 그들이 저지른 악행이
문자로 기록되어 훗날 징벌을 받을까 두려웠기 때문입니다. 한편 천
신은 사람들에게 곡식 비를 내려주었습니다. 여기에는 두 가지 의미

---

20 사물의 모양을 본뜨는 상형문자만으로 모든 것을 표현할 수는 없었기에 두 개 이상의
문자를 결합해 만든 문자들이 등장했는데, 기존 문자의 뜻과 뜻을 결합해 만든 것을
'회의문자會意文字', 기존 문자의 뜻과 소리를 결합해 만든 것을 '형성문자形聲文字'라
한다. 가령 '해 일日'과 '달 월月'을 합쳐 만든 '밝을 명明' 자는 회의문자고, '입 구口'
자에 '문 문門' 자를 더해 만든 '물을 문問' 자는 형성문자다.

21 고대인들은 규성을 이루는 16개의 별이 서로 굽어지며 연결된 모양이 마치 글자의
획처럼 생겼다고 여겼다.

드디어 만나는 중국 신화

가 담겨 있었는데, 첫 번째는 앞으로 발생할 기근에 대비하라는 뜻, 두 번째는 근본에서 벗어나지 말라는 뜻이었지요. 문자의 등장으로 생활의 근본인 농사를 소홀히 해서는 안 된다는 의미였습니다.

◆◆ 한 걸음 더 ◆◆

중국 최초의 문자, 갑골문甲骨文

고대 중국인들은 거북의 껍데기나 짐승의 뼈에 문자를 새기거나 적었습니다. 갑골문자는 기원전 1600년경에 처음 등장한, 동아시아 지역에서 가장 오래된 규칙적인 문자이자 한자의 조상 격으로 불리지요. 갑골문은 중국 허난성 안양시安陽市 은허殷墟에서 대량 출토되었습니다. 갑골문에 기록된 내용은 주로 제사와 점복에 관한 것이었습니다. 왕이나 제사장은 하늘과 조상신에게 제사를 올리기 전, 전쟁의 승패나 농사의 풍흉, 왕실의 안위와 같은 중요한 사안을 질문했고 그 결과를 거북의 등껍질이나 짐승의 뼈에 새겨 남겼습니다. 이런 기록들 덕분에 우리는 고대 중국인들이 어떤 문제를 고민했고, 어떤 질서 속에서 살아갔는지 구체적으로 들여다볼 수 있습니다. 갑골문은 중국 문명 초기의 사고방식과 세계관을 오늘날까지 전해주는 귀중한 창이라 할 수 있습니다.

❖ **문자 성질의 기호가 새겨진 거북의 배 딱지**

1987년 허난성 우양현舞陽縣 베이우두진北舞渡鎮 자후촌賈湖村에서 출토되었다. 중간 조금 아래 오른쪽에 인위적으로 새긴 기호가 있는데, 사람의 눈과 형태와 크기가 유사하다. 이는 지금까지 중국에서 발견된 가장 이른 시기의 새김 기호로, 원시 문자 또는 문자의 특징을 지닌 기호로 여겨진다.

❖ **신석기 시대 토기**

중국 허난성 양사오仰韶 문화에 해당하는 신석기 시대 질그릇으로, 일정한 규칙성을 지닌 기호가 새겨져 있다. 고고학자들은 이 기호들이 갑골문과 유사해 한자의 기원을 연구하는 데 도움이 되는 최초의 형태로 여긴다.

음률을 만든 영륜

이제 사람들은 농사를 지어 생활이 안정되었고 문자로 이야기를 기록할 수 있었습니다. 자연스럽게 여가 시간이나 축제가 생겼고, 그때마다 한데 어우러져 놀며 풀잎이나 대나무로 만든 피리를 불고 항아리를 두드리며 흥겨운 소리를 냈습니다. 멋진 선율이 흘러나오면 감동을 받은 사람들은 연주 소리에 맞춰 흥얼거렸습니다.

황제는 음악이 사람들의 마음을 즐겁게 해줄 뿐만 아니라 중대한 행사에도 유용하다고 여겼습니다. 한 가지 안타까운 점은 기존의 선율이 너무 단순하고 무질서했다는 것이었지요. 황제는 신하인 영륜伶倫에게 아름답고 조화로운 음률을 만들게 했습니다.

영륜은 곤륜산 북쪽 해곡懈谷이라는 곳에서 대나무를 가져다 그중 굵기가 균일한 것으로 피리를 만들었습니다. 그러나 피리는 제대로 된 십이율+二律[22]을 갖추고 있지 못했기에 이상한 소리가 났습니다. 사람들은 영륜의 피리 소리를 조롱했습니다.

"자네의 피리 연주에 야생 짐승도 놀라 달아나는구먼!"

하루는 황제가 말에 올라타는 순간 영륜이 부는 대나무 피리 소리가 울려 퍼졌습니다. 말은 이 괴상한 소리를 듣고 화들짝 놀라 앞발을 들고 공중으로 펄쩍 뛰었고, 그 바람에 황제는 바닥에 떨어지고 말았지요. 영륜은 급히 황제에게 달려가 그를 부축해 일으켰습니다. 황제는 화를 내기는커녕 이렇게 말했습니다.

"그대가 제작한 이 작은 대나무 피리가 말을 놀라게 했구려. 대단한 일이오. 앞으로 틀림없이 듣기 좋은 음률을 연주하게 될 거요."

영륜은 황제의 격려로 자신감을 얻고 온종일 피리 연습에 매진했습니다. 하지만 여전히 조화로운 음률을 연주하지는 못했지요.

그러던 어느 날, 영륜은 홀로 봉령鳳嶺의 바위 위에 누워 곰곰이 생각하다가 단잠에 들었습니다. 한참 잠에 빠져 있는데, 갑자기 어디선가 아름다운 새소리가 들려왔지요. 영륜은 즉시 깨어나 눈을 비볐습니다. 고개를 들어 올려다보니 아름다운 깃털을 지닌 우아한 자태의 봉황 두 마리가 나무 위에서 노래하고 있었습니다. 그 소리가 너무 은은하고 아름다워 마치 천상에서 내려온 것 같았지요.

그 소리에 흠뻑 빠져 감상에 젖은 영륜은 대나무 피리를 들고 봉황

---

22 중국 전통 음악에 사용되는 12개 음을 뜻한다. 양을 상징하는 6음률에는 황종黃鐘, 태주太簇, 고선姑洗, 유빈蕤賓, 이칙夷則, 무역無射이 있고 음을 상징하는 6음률에는 대려大呂, 협종夾鐘, 중려仲呂, 임종林鐘, 남려南呂, 응종應鐘이 있다.

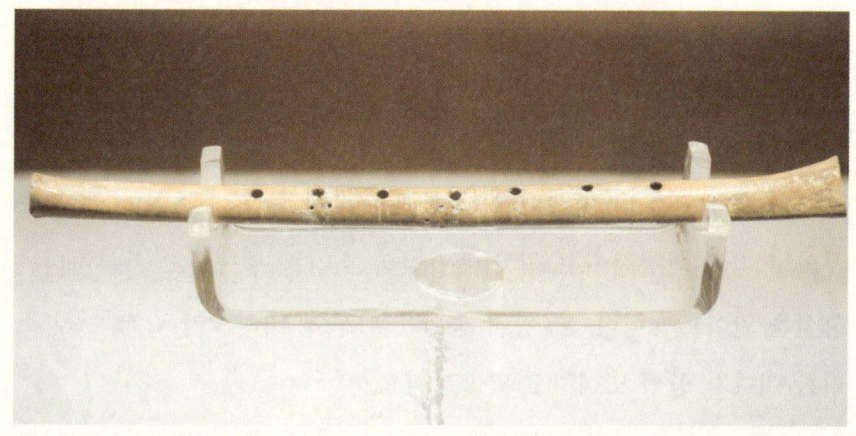

❖ 신석기 시대의 뼈피리

1987년 허난성 우양현舞陽縣 자후賈湖 유적지에서 출토되었다. 속이 빈 새의 뼈로 제작되었으며, 일곱 음계를 지니고 있다. 지금까지 중국에서 발견된 관악기 중 가장 이른 시기의 것이다.

❖ 악대를 묘사한 부조

1995년 취양현曲陽縣 시옌찬촌西燕川村의 오대 시기 묘에서 출토되었다. 악대는 총 15명으로(그림의 지휘자 앞쪽에 악대를 이끄는 남성 두 사람이 더 있다), 활기찬 연주 장면을 보여준다. 오른쪽 첫 번째 인물은 남장을 하고 있는데 아마 악대의 지휘자일 것이다. 연주자 12명은 모두 여성으로 소매가 좁은 윗옷과 바닥에 끌리는 긴 치마를 입고 두 줄로 서 있다. 이들이 들고 있는 악기는 공후箜篌, 쟁箏, 비파琵琶, 박판拍板, 좌고座鼓, 생笙, 방향方響, 필률篳篥, 횡적橫笛 등이다.

의 노래를 흉내 내기 시작했습니다. 그의 연주가 한창 고조에 이르자 두 봉황은 갑자기 노래를 멈추더니 날개를 펴고 멀리 날아갔지요.

영륜은 날마다 같은 바위에 올라 봉황을 기다렸습니다. 봉황은 늘 봉령의 숲에 깃들어 노래했지요. 영륜은 봉황을 오래 관찰한 끝에 수컷의 소리는 격정적이고 힘차며 암컷의 소리는 부드럽고 차분하다는 사실을 알아냈습니다. 한 쌍의 봉황은 나무에 내려앉아 각각 여섯 소리를 내다가 함께 노래하고 날아갔지요.[23]

영륜은 빽빽한 대숲에서 두께가 균일한 대나무를 골라 마디 하나를 잘라냈는데, 그 길이가 대략 3촌 9푼이었습니다. 그는 이 대나무 관을 연주해 얻은 음률을 '황종黃鍾'이라고 이름 붙였지요. 이어 그는 다른 11개의 대나무 관을 제작한 뒤 완유산阮諭山 기슭으로 이를 가져갔습니다. 그는 봉황의 노래를 들으며 그 소리를 황종의 음률과 비교하며 나머지 11개 음률을 연주했습니다. 수컷과 암컷 봉황의 소리를 바탕으로 오래 탐구한 끝에 12음률을 만들어낸 것이지요.

그 뒤 영륜은 해곡의 고요한 터에 작은 오두막을 짓고 자연의 온갖 소리를 경청했습니다. 산속 샘물이 흐르는 소리, 바람이 대숲을 스치는 소리, 새 지저귀는 소리가 영륜에게 서로 다른 심상을 주었지요. 또한 그는 다양한 짐승의 울음소리를 일일이 기록했습니다. 그렇게 그가 만든 12개의 음률은 점점 풍성해졌지요.

사람들이 가을걷이를 기념하던 어느 날, 영륜은 너른 터에 앉아 그

---

23 수컷이 양의 음률을, 암컷이 음의 음률을 노래했다는 의미다.

간 익힌 음악을 연주했습니다. 난생처음 듣는 조화로운 소리에 모든 부족민이 음악의 경이로움에 빠져들었지요. 이제 인간은 아름다운 음률을 누리게 되었습니다.

❖ 〈악무도樂舞圖〉(일부)

1952년 산시陝西성 시안시西安市 동쪽 교외에서 출토되었다. 무덤 벽에 그려진 거대한 그림의 왼쪽 일부로, 6명으로 구성된 악대가 두 줄로 자리하고 악기를 연주한다. 앞줄에 앉은 세 사람은 각각 비파, 생황, 동발銅鈸을 들고 있으며, 뒷줄에 선 세 사람 중 한 명은 횡적橫笛을 불고 다른 한 명은 박판을 연주하며, 마지막 한 사람은 화답해 노래하듯 왼팔을 쭉 뻗고 있다. 연주하고 노래하는 이가 서로를 돋보이게 하는 유쾌한 분위기가 잘 드러난다.

❖ 증후을편종曾侯乙編鐘

1978년 후베湖北이 성 쑤이저우隨州시 증나라 제후 을의 무덤에서 출토된 편종이다. 총 65개 종으로 이루어져 있으며, 가장 큰 종은 높이 약 152센티미터, 무게 약 200킬로그램에 달할 만큼 규모가 크다. 각 종은 정면과 측면을 쳤을 때 각기 음높이가 다른 소리가 난다. 전체 음역은 다섯 옥타브 반에 달하고, 12개의 반음을 모두 갖추고 있다. 2,000년 전에 이렇게 정밀한 악기와 이를 연주할 웅장한 악대가 존재했다는 것은 세계 음악사에 유례없는 일이다.

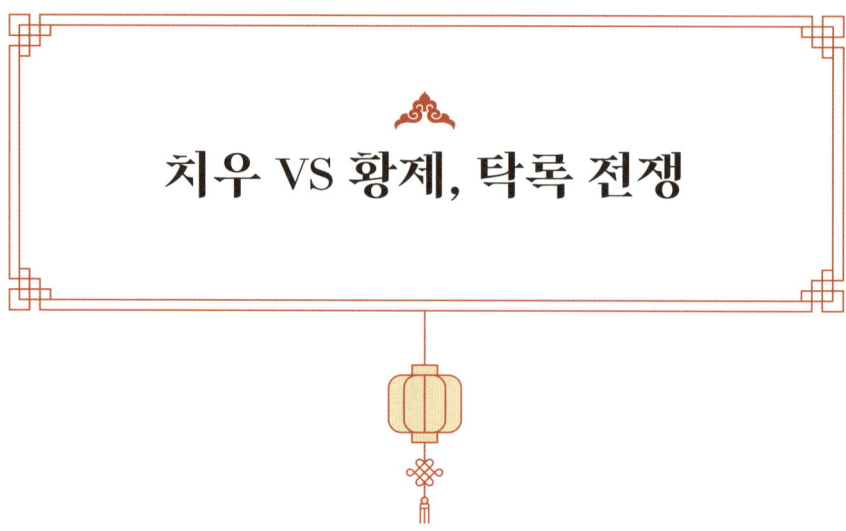

치우 VS 황제, 탁록 전쟁

사람들은 수레를 비롯해 문자, 음악 등을 창조하며 찬란한 문명을 일구었습니다. 그러나 문명의 이면에는 전쟁이라는 비극이 뒤따르게 마련이지요. 치우와 황제가 벌인 전쟁은 인류가 문명을 확장해 나가는 과정에서 맞닥뜨렸던 갈등의 역사를 말해줍니다.

치우蚩尤는 키가 크고 용맹스러운 전사였습니다. 그는 인간의 몸에 머리에는 뿔이 있었고 소의 발굽을 하고 있었습니다. 눈은 네 개, 손은 여섯 개였다고 묘사되기도 하지요. 이빨은 길이가 2촌에 달하며 몹시 단단하고 날카로웠습니다. 치우에게는 구름과 안개를 부리는 재주가 있었습니다. 손에는 항상 큰 도끼를 들고 있었고, 머리카락은 칼처럼 곤두서 있었지요. 치우에게는 신령과 악귀를 구분하는 능력이 있어 그 어떤 괴수도 그에게 감히 접근하지 못했습니다. 또한 그에게

드디어 만나는 중국 신화

는 81명의 형제가 있었는데, 모두 치우처럼 강력한 구리 머리에 무쇠 이마를 가졌고, 모래와 돌을 먹었지요.

갈려산葛廬山에서 홍수가 났을 때, 엄청난 양의 흙과 모래를 휩쓸며 쏟아지는 급류에 구리 광석이 밖으로 드러났습니다. 치우와 그의 부하들은 지표면에 노출된 구리를 모아 칼, 창, 미늘창 등의 무기를 만들었지요. 옹호산雍狐山에서 홍수가 났을 때도 마찬가지였습니다. 치우가 이끄는 구려九黎 부족은 옹호산 구리로 옹호극雍狐戟이라는 미늘창과 예과芮戈라는 창을 만들었습니다. 치우는 무시무시한 무기로 무장한 부족을 이끌고 주변 성과 부락을 공격해 하나하나 쓰러뜨리며 세력을 넓혔지요.

치우는 탁록涿鹿의 산과 들에서 유망榆罔을 몰아내고 패권을 차지했습니다. 이후 염제와 격렬한 전투를 벌였는데, 전쟁의 불길이 번지자 백성들이 고통을 겪었지요. 치우에게 패한 유망과 염제는 황제에게 도움을 요청했습니다. 그러자 황제는 치우를 토벌하고자 큰 군사를 일으켰습니다.

황제는 전쟁을 위해 만반의 준비를 갖추었습니다. 그는 신들을 모집해 군대를 꾸리고 활과 화살, 갑옷을 만들었으며 수양산首陽山의 구리 광석을 모아 명홍도鳴鴻刀라는 칼을 제작했습니다. 그는 사람 군대뿐만 아니라 곰과 표범, 호랑이 등의 야생 짐승들도 모아 훈련시켰지요. 또한 깃발과 북, 퉁소, 종처럼 생긴 정鉦, 쟁반처럼 생긴 발鈸 등의 악기를 제작해 군대의 사기를 진작시켰습니다.

황제와 치우 양측은 탁록에서 각자 전투 대열을 이루었습니다. 힘

❖ **호문청동정**虎紋靑銅鉦

쓰촨성 신진현新津縣에서 출토된 전국시대 유물. 정은 고대 중국에서 행군할 때 박자를 맞추기 위해 사용했던 악기로, 손잡이 달린 종처럼 생겼다. 아가리 부분을 위로 향하게 하고 망치로 두드려 소리를 낸다. 이 정은 손잡이가 길고 몸체 정면에 호랑이와 나무 문양, 파촉 문자가 새겨져 있어 고대 파촉 지역 사람들이 사용했음을 알 수 있다. 파와 촉은 선진先秦시대에 존재했던 나라로 지금의 쓰촨성 동부와 쓰촨성 서쪽 장강長江 상류 이북을 가리킨다.

찬 북소리가 하늘까지 울렸고, 함성이 천지를 뒤흔들었습니다. 두 군대는 서로 매섭게 맞붙어 살육전을 벌였습니다. 모두가 목숨을 아끼지 않고 용감하게 적과 맞붙었지요. 피가 흘러 강물을 이룰 정도로 많은 군사가 희생된 끝에, 황제군이 치우군에 밀리기 시작했습니다.

치우는 구름과 안개를 부려 황제의 군대를 겹겹이 에워쌌습니다. 삽시간에 방향을 분간할 수 없게 되자 군사들은 우왕좌왕했고, 치우의 군대는 신출귀몰하게 나타났다가 사라졌지요. 그들은 당황한 황제의 군사들에게 칼을 휘둘러 가차 없이 죽였습니다. 황제 측이 점점 수세에 몰리는 와중에, 황제의 신하 풍후風后는 안개 속에서도 군사들에게 올바른 방향을 지시할 방법을 연구했습니다.

매일 고심을 거듭하던 풍후는 전쟁통에 밤하늘의 북두칠성에서 영감을 얻어 '지남거指南車(지남차)'라는 수레를 만들었습니다. 수레 위에는 쇠로 만든 작은 사람 모형이 설치되어 있었는데, 그의 팔은 늘 남쪽을 가리켰습니다. 황제의 군대는 치우가 안개를 내릴 때마다 지남거를 보고 방향을 찾아 벗어날 수 있었지요.

한편 치우에게는 이매魑魅와 망량魍魎 등 사나운 도깨비 군사가 있었습니다. 이들은 산과 물에 살며 이상한 소리를 내 사람을 홀리고 정신착란을 일으켰지요. 그 소리를 들은 사람은 홀린듯이 그들을 향해 걸어가 죽임을 당했습니다. 이매와 망량은 황제의 부하와 군대를 끌어내 잔인하게 죽였습니다. 부하들이 도깨비에 홀려 목숨을 버리는 모습에 황제는 패할지도 모른다는 초조함에 빠졌습니다.

그러던 어느 밤, 밀정이 황제에게 놀라운 정보를 가져왔습니다. 사람을 홀리는 이매와 망량의 소리에 대적할 맞수가 있으니, 바로 용의 소리라는 것이었지요. 마침 황제는 응룡應龍이라는 신룡을 거느리고 있었습니다. 황제는 응룡에게 명해 전장에서 이매와 망량을 만날 때마다 소리를 내 쫓아버리게 했지요.

응룡이 날개를 퍼덕이며 하늘을 날자 치우는 이번에는 풍백風伯과 우사雨師를 보내 큰바람을 몰아치게 했습니다. 이매와 망량을 막아주던 응룡이 비바람에 몸을 피하자 황대의 군대는 다시 전투에서 밀렸습니다. 그때 황제의 머릿속에 떠오른 것은 계곤산係昆山에 사는 딸 발魃이었지요. 발의 몸은 엄청난 열기로 가득해 그녀가 가는 곳마다 구름이 사라지고 비가 걷히며 찌는 듯 더워졌습니다. 황제가 그녀를 전쟁터로 불러들이자 순식간에 폭풍우가 그치고 뜨거운 열기가 기승을 부렸지요. 응룡은 다시 힘을 얻어 치우의 군사를 공격했습니다. 전세가 역전되어 황제의 군대가 치고 들어갔지만 치우를 완전히 진압할 수는 없었지요. 치우 세력이 몹시 큰 탓이었습니다.

　병사들의 사기가 떨어지자 황제는 점점 조급해졌습니다. 밤마다 새로운 전략을 고민하던 그는 기夔라는 야생 짐승으로 북을 제작해 치우족을 물리칠 방법을 떠올렸습니다. 기는 소처럼 생겼으나 뿔이 없고, 몸은 푸른 잿빛이며 발은 하나뿐이었습니다. 그는 자유자재로 바닷속을 드나들 수 있었지요. 황제는 사람을 보내 기를 잡아다 그 가죽

❖ **풍백과 우사를 묘사한 막고굴 제249굴 벽화**

풍백과 우사는 중국 신화에서 바람과 비를 관장해 농경과 날씨에 영향을 미치는 신적 존재다. 탁록 전투에서는 치우의 편에서 황제군을 공격했다.

❖ 기룡으로 장식된 겹사 법랑

그릇 안팎 전체가 청색 바탕이며 겹사掐絲 방식[24]으로 문양을 넣었다. 그릇의 몸통 부분에는 연꽃을 내뱉는 기룡夔龍 한 쌍이 장식되어 있다. '기'는 중국 고대 신화와 전설에 나오는 외다리 괴물로, 『산해경』에 따르면 소처럼 생겼다고 한다. 그러나 일부 다른 문헌에서는 기가 뱀처럼 생겼다고 묘사한다. 기룡 문양은 대부분 끝이 말린 긴 꼬리에 입을 벌린 형상이며, 예스럽고 소박한 아름다움을 지닌다.

으로 북을 만들게 했습니다.

한편 황제는 용의 몸에 사람 머리를 한 괴물 뇌신雷神도 눈여겨보았지요. 뇌신은 한가롭게 산골짜기를 노닐다가 가끔 자신의 배를 두드려 커다란 천둥소리를 냈습니다. 황제는 뇌신을 잡아 그의 몸에서 가장 큰 뼈를 꺼내 북채로 삼았습니다. 기로 만든 북을 뇌신의 뼈로 두드리자 천둥보다 큰 소리가 울려 퍼졌지요. 그 소리가 500리 밖에서도 들릴 정도였습니다. 전쟁터에서 이 북을 연달아 두드리자 과연 산골짜기가 진동하며 산이 무너지고 땅이 갈라졌습니다. 황제의 군대는 사기가 한껏 고조된 반면, 치우의 군대는 겁에 질려 혼비백산했지요.

열세에 몰린 치우는 무기를 버리고 항복하는 대신, 병력을 점검하

---

24 금사나 은사, 또는 기타 금속 재질의 가는 실을 도안대로 만들어 기물에 부착하는 기법이다.

고 북쪽 거인족의 우두머리 과보夸父에게 도움을 청하러 전령을 보냈습니다. 과보는 후토后土라는 신의 후손으로, 과보족은 모두 귀에 두 마리의 노란 뱀을 걸고 손에 두 마리의 노란 뱀을 쥐고 있었습니다. 그들이 합세하자 치우의 군대는 마치 꺼져가는 불씨에 큰 장작을 넣은 것처럼 사기가 치솟았지요. 황제와 치우는 서로 아홉 차례나 크게 맞붙었지만 어느 쪽도 승리하지 못했습니다.

황제가 태산太山에 이르렀을 때 사흘 밤낮 동안 짙은 안개가 꼈습니다. 그때 사람의 머리에 새의 몸을 한 여인이 나타났지요. 바로 현녀玄女였습니다. 황제는 그녀에게 승리할 비책을 물었고, 그녀는 놀라운 병법을 전수해주었지요. 그때부터 황제는 마치 전쟁의 신처럼 군대를 자유자재로 부리기 시작했습니다. 또한 그는 곤오산昆吾山에서 붉은 구리를 모아 보검을 만들었습니다. 이 검은 단단한 옥도 진흙처럼 쉽게 자를 수 있었지요. 황제 군대의 기세는 점차 높아졌습니다.

용맹한 두 군대가 전쟁터에서 맞붙을 때 힘에만 의지해서는 싸움이 끝나지 않습니다. 승리를 위해서는 비범한 지혜도 필요하지요. 황제는 병법을 터득한 후 변화무쌍한 진법을 구사해 적을 무찔렀습니다. 반면 치우 군대는 비할 바 없이 용맹했으나 황제의 계책을 당해내지 못했지요. 최후 전투에서, 치우 부족의 잔병과 과보족은 황제군에 겹겹이 포위되었습니다.

치우와 과보는 부하들을 이끌고 탈출을 시도했으나 실패했지요. 결국 치우는 황제에게 사로잡혀 족쇄와 수갑을 찬 채 죽임을 당했습니다. 치우가 숨을 거둔 뒤 황제의 부하들은 피가 흥건히 묻은 그 족쇄

❖ **탁록 전쟁**

중국 현대 화가 장페이청張培成의 작품. 치우와 황제는 각자 세력을 키워 탁록에서 맞붙었
다. 황제는 처음에 크게 밀리고 패했으나 현녀의 도움을 받아 병법을 깨닫고, 비범한 지혜
와 계략으로 치우를 격퇴해 승리를 거두었다.

와 수갑을 풀어 황야에 내던졌습니다. 그러자 그것들은 단풍나무 숲
으로 변했지요. 그 나뭇잎은 피처럼 진한 선홍빛이었습니다. 치우의
한이 남아서일까요? 북쪽에서 바람이 불어오면 산과 들을 뒤덮은 단
풍잎이 마치 전쟁터의 메아리처럼 바스락거렸습니다.

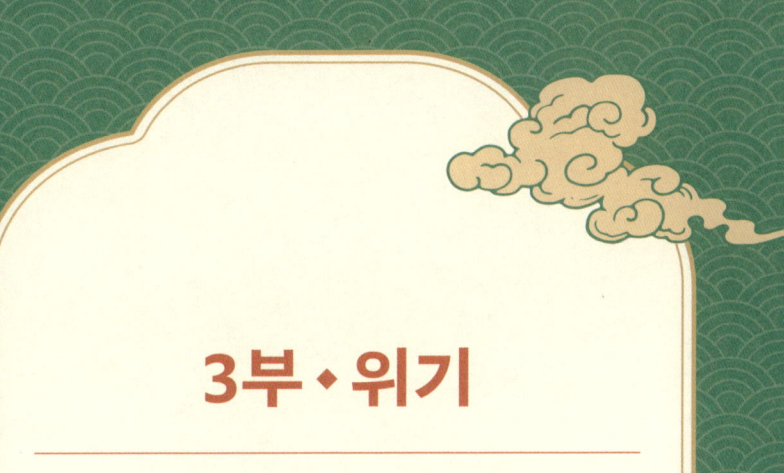

3부 · 위기

재앙에 맞서
삶의 터전을
수호하다

이보다 더 좋을 순 없다, 요순 천하

먼 옛날, 천제의 딸이자 지혜롭고 용감한 경도慶都라는 아가씨가 있었습니다. 어느 바람이 부드럽고 햇빛 밝은 화창한 날, 그녀는 가족들과 함께 나들이를 갔습니다. 그런데 갑자기 광풍이 일며 천둥과 번개가 세차게 쳤지요. 경도는 번개에 휩싸여 순식간에 사라져버렸고 가족들은 놀라 흩어졌습니다.

이후 경도는 적룡赤龍의 신령한 기운을 받아 아이를 임신했습니다. 그녀는 구불구불 이어진 남쪽 산등성이에서 요堯라는 아이를 낳고 지극정성으로 키웠지요.

성인이 된 요는 키가 무려 10척에 달했습니다. 얼굴은 날카로움과 부드러움을 동시에 갖췄고, 눈썹은 여덟 빛깔에 눈매가 깊었으며, 첫인상에 지혜와 기품이 느껴졌습니다. 그런데 그는 세상을 향한 근심과 과로 때문에 마치 밀랍인형처럼 여위어 있었습니다.

요의 집 입구에는 검은 구름이 있었고, 교룡이 문을 지켰지요. 그는 종종 용을 타고 하늘을 날아다니며 천하를 두루 돌아보았습니다. 사람들이 편안하게 지내길 바랐던 그는 우연히 놀라운 사실을 알아냅니다. 당시 사람들은 황색 토양으로 그릇을 만들었는데, 적갈색 흙을 사용하면 황색 흙보다 점성이 더 높아 다양한 형태의 그릇을 만들 수 있었던 것이지요. 요의 통찰과 지혜 덕분에 사람들은 훨씬 편하게 생활할 수 있었습니다. 얼마 지나지 않아 요는 부족의 우두머리로 추대되었지요.

요는 검소하고 소박했으며 백성을 긍휼히 여겼습니다. 그는 다듬지 않은 억새와 갈대로 이엉을 얹고 잘 손질되지 않은 서까래를 올린 누

❖ **양사오 문화의 채도**

그릇의 입구가 바깥으로 꺾여 있고 몸통 부분은 곧고 깊으며 둥근 형태의 바닥은 아래쪽으로 뾰족하게 튀어나와 있다. 전반적으로 검정색을 사용했으며, 입구는 점과 물결무늬로 장식되어 있다. 몸통 부위에는 기하학적인 삼각형 무늬가 그려져 있는데 물고기 문양을 추상화한 것으로 보인다. 이 채도의 형태와 장식은 신석기 시대 양사오 문화 유적에서 발견되는 전형적인 특징이다.

드디어 만나는 중국 신화

고대 중국의 채도 예술

중국의 도기 제작 기술은 매우 오래되어 기원전 4500년부터 기원전 2500년까지 거슬러 올라갑니다. 이 시기를 대표하는 문화로는 양사오仰韶, 마자야오馬家窯, 치자齊家 문화 등이 있습니다.

그중 양사오 문화의 도기는 구울 때 철 성분이 산화되어 붉은색을 띠는 홍도紅陶가 많았고, 회색을 띠는 회도灰陶와 흑색의 흑도黑陶도 만들어졌습니다. 기본적으로 점토를 사용했고, 경우에 따라 소량의 모래를 섞기도 했지요. 이처럼 구운 도기 위에 안료로 무늬를 그린 것을 '채도彩陶'라고 합니다.

양사오 도기 가운데 특히 주목 받는 것은 세니채도細泥彩陶입니다. 세니채도는 고운 점토로 정성스럽게 빚어 형태가 독특하고 표면은 붉은빛을 띠며 안팎 모두 윤기가 있습니다. 또한 기하학적 무늬나 상징적인 문양이 아름답게 그려져 있습니다. 세니채도는 당대의 가장 수준 높은 도기로 평가되며 양사오 문화의 도기 제작 수준을 잘 보여줍니다. 그래서 중국 고고학계에서는 양사오 문화를 '채도 문화'라고 부르기도 합니다.

추한 집에서 살았습니다. 먹는 음식에도 사치가 없어 거친 곡식 낟알로 지은 밥과 야채만 들어간 국물을 먹었지요. 겨울에는 사슴 가죽을 걸치고, 여름에는 거친 삼베옷을 입었습니다. 요는 백성을 위해 온 마음을 쏟았으며, 자신의 권력보다 백성의 삶을 더 중시했습니다.

식량이 부족해 굶주리는 백성, 옷과 집이 없어 길거리에서 헐벗고 떠는 사람, 실수로 잘못을 저지른 죄인을 보면 요는 몹시 괴로워하며 모든 것을 자신의 책임처럼 생각했지요. 자신이 세상을 태평하게 다스리지 못해 그런 일이 일어났다고 여겼습니다. 요는 하늘의 도를 법칙으로 여겼고, 세상은 모두를 위한 곳이라는 원칙을 받들며 백성의 안락함을 가장 중요한 가치로 여겼습니다.

요는 약 70년간 왕위에 머무르며 큰 사랑을 받았습니다. 그는 인자하고 지혜로운 지도자로 찬양을 받았고, 나이가 들자 열심히 후계자를 찾았지요. 이때 주변 부하들을 비롯한 모든 이가 만장일치로 순舜이라는 청년을 추천했습니다.

순은 마음씨가 착한 젊은이로, 이마가 용처럼 튀어나왔고, 입은 컸으며 몸집은 작았습니다. 늘 앞장서서 일하느라 피부는 까무잡잡했고, 가장 큰 특징은 특이하게 눈마다 눈동자가 두 개씩 있어 총 네 개라는 것이었습니다. 마치 갑절로 밝은 지혜를 가진 이 같았지요.

순은 세상의 이치에 두루 밝고 현명했습니다. 그가 일을 하면 법칙이 되었고, 그가 하는 말은 규범이 되었지요. 순이 역산歷山에서 농사를 짓자 그곳의 농부들은 그의 덕행에 감화되어 그를 더욱 존경하고 따랐습니다. 순이 뇌택雷澤에서 고기를 잡자 어부들이 앞다투어 그에

드디어 만나는 중국 신화

❖ 〈제왕도통만년도〉의 순

순은 마음이 선하고 덕이 높은 지도자로 칭송을 받았다. 요 임금은 순의 됨됨이를 인정하고 그에게 왕위를 넘겼다.

게 어장을 양보했지요. 그가 가는 곳마다 많은 사람들이 몰려들어 찬양하고 따랐습니다. 그럼에도 그는 늘 겸손한 태도를 잃지 않았지요.

순은 어린 나이에 어머니를 여의었습니다. 순의 아버지는 금세 새부인을 들였고 그녀는 상象이라는 아들을 낳았습니다. 상은 순과 달

리 매우 오만하고 무례했지요. 자신의 자식만 편애하는 악덕한 계모
는 순을 따르는 사람이 늘어갈수록 남편에게 순을 내쫓거나 없애야
한다고 부추겼습니다. 어리석은 아버지와 배다른 동생은 그녀의 말만
듣고 여러 차례 계략을 꾸미며 순을 사지로 몰았습니다. 하지만 그때마다
순은 기지를 발휘해 구사일생으로 살아났지요. 태생적으로 선하고 효
심이 깊었던 그는 반복되는 가족의 악행에도 앙심을 품지 않았습니다.

순의 너그럽고 사려 깊은 행동은 그의 명성을 드높였습니다. 순이

❖ 〈상군상부인도湘君湘夫人圖〉

전설에 따르면 순이 죽은 뒤 두 부인 아황과 여영은 상강湘江에 몸을 던졌다고 한다. 이들
은 후에 '상군'과 '상부인'으로 칭해졌다. 중국 명나라 때 화가 문징명文徵明의 초기 작품 가
운데 유일하게 남은 인물화로, 두 여인을 생동감 넘치게 묘사했다.

드디어 만나는 중국 신화

가는 곳마다 사람들의 마음은 따뜻하게 녹아 풀리고 다툼은 사라지는 듯했지요. 순의 아름다운 심성과 덕행은 온 세상에 좋은 기운을 전했습니다.

순의 이야기를 전해 듣고 오래 관찰한 끝에 요는 순에게 왕위를 선양하기로 결심했습니다. 또한 자신의 두 딸 아황娥皇과 여영女英을 순에게 시집보내기까지 했습니다.

순이 왕위를 물려받자 그동안 못되게 굴었던 계모와 상은 복수를 당할 것이라는 두려움에 사로잡혔지만, 순은 그들을 너그럽게 용서했습니다. 모자는 크게 감동했고, 이후 상은 순이 남쪽을 순시할 때 그를 따르며 보좌하기까지 했습니다. 내리쬐는 햇볕과 쏟아지는 비에 단련된 상은 동정호洞庭湖로 내려가 목욕을 했습니다(혹자는 이를 두고 상이 코끼리의 야생성에서 벗어나 온전한 인간이 되었다고 해석하기도 하지요). 이후 그는 구의산九疑山 소소봉簫韶峰 기슭으로 가 땅을 개간하고 농사를 지었습니다.

순은 오랜 시간 세상을 평화롭게 다스렸습니다. 그는 마지막까지 백성들을 생각했습니다. 언제부턴가 사람을 해하는 거대한 뱀이 나타나자 순은 직접 처단하기 위해 나섰다가 창오蒼梧의 들판에서 숨을 거두고 말았지요. 그는 구의산에 묻혔습니다. 상은 이 사실을 알고 매우 슬퍼하며 순이 희생된 방향으로 길이길이 애도를 표했고, 순의 두 아내 아황과 여영은 온종일 눈물을 흘렸습니다. 두 여인의 눈물이 푸른 대숲에 흩뿌려지자 대나무에는 눈물 자국이 남았습니다. 세상의 바르고 선한 덕은 모두 순에게서 비롯되었다 해도 과언이 아닙니다.

예가 괴수들을 처단하다

사람들이 평화롭게 살아가던 어느 날, 무시무시한 괴수 넷이 갑자기 들이닥쳤습니다. 괴수들의 이름은 각각 알유猰貐, 착치鑿齒, 봉희封豨, 수사修蛇(어떤 기록에서는 파사巴蛇라고도 합니다)였지요. 이들이 휩쓸고 지나간 지역은 황량한 곳으로 변했습니다. 괴수가 나타났다는 소식을 들은 사람들은 깊은 동굴로 숨어 들어갔습니다. 이들은 밖으로 나가 먹을 것을 구하지도 못해 며칠간 굶주렸고 밤에 불을 밝히기조차 두려워 숨죽이고 있었지요.

바로 이때 등장한 영웅이 있으니 활 쏘는 실력이 출중한 예羿입니다. 그는 용맹하고 전투에 능하며 힘이 무척 강했습니다. 괴수가 설치며 사람들을 해치는 것을 더는 두고 볼 수 없던 예는 천제인 제준帝俊에게 이를 고했습니다. 제준은 예에게 붉은 신궁과 흰 화살 한 통을 주며 말했지요.

"사람들이 고통에서 벗어날 수 있도록 도와주게."

예는 곧바로 괴수들을 처단하러 갔습니다. 첫 번째는 알유였습니다. 알유는 용의 머리에 뱀의 몸통, 말의 발, 호랑이 발톱을 가지고 있었지요. 키가 400척이나 되고 매우 빠르게 달리며, 울부짖는 소리는 아기 울음소리 같았습니다. 알유는 괴수들 중 가장 컸고 수많은 사람들을 해쳤습니다. 원래 하늘의 신이었는데 누군가에게 살해를 당한 뒤 곤륜산 무당에 의해 괴수로 되살아났지요.

예는 신궁을 들고 서쪽 산에서 알유의 흔적을 찾았지만, 알유는 나는 듯 빠르게 달리고 동작이 민첩했기에 발견하기 쉽지 않았습니다. 예는 포기하지 않고 여러 날 수색하며 알유를 찾아 헤맸습니다. 그러나 아무리 애써도 알유와 마주하지 못하자 예는 그의 경계심을 풀기 위해 은밀한 곳에 숨어 기다리기로 했지요. 예는 바위처럼 꼼짝도 하지 않은 채 활시위를 팽팽하게 당기고 전방을 주시했습니다. 산속의 새와 짐승은 모두 예를 돌처럼 여겨 그의 곁을 지나가거나 심지어 그의 머리 위에 앉아 졸기까지 했지요.

그렇게 며칠 후, 마침내 예 앞에 알유가 나타났습니다. 알유가 예의 존재를 눈치채지 못하고 지나치는데, 예가 겨누고 있던 화살이 '쉭!' 소리를 내며 눈 깜짝할 사이에 알유의 급소에 명중했습니다. 화살의 위력은 대단했지요. 알유는 비명조차 지르지 못하고 숨을 거두었습니다.

알유를 처단한 예는 바로 착치를 상대하러 갔습니다. 착치는 5척에 달하는 날카로운 이빨을 지닌 요괴로, 손에 창과 방패를 들고 있었습니다. 사람을 제멋대로 잡아먹었고 매우 사나왔지요. 착치의 이는 굉장히 단단해 무언가를 깨물면 으스러지는 소리가 났습니다. 단단한 바위도 착치의 입에 들어가면 순식간에 가루가 되었지요. 착치는 남쪽 호수에 자주 출몰했습니다.

사람들의 목격담을 듣고 남쪽 호수에 도달한 예는 곧 착치를 발견했습니다. 그는 아무런 두려움 없이 착치에게 태연하게 성큼성큼 다가갔습니다. 의연한 예의 모습에 착치는 크게 분노했습니다. 착치가 창과 방패를 휘두르며 예에게 돌진하자 검은 회오리바람이 일었습니다. 예는 침착하게 화살을 뽑아 활시위에 걸고는 착치를 향해 곧바로 쏘았습니다. 제준이 건네준 신묘한 화살이 착치의 방패를 순식간에 관통하더니 그의 송곳니와 머리를 꿰뚫어 즉사시켰습니다.

착치를 처단한 뒤, 예는 이번에는 봉희를 상대하러 갔습니다. 거대한 멧돼지인 봉희는 매우 탐욕스러워 눈에 보이는 것은 무엇이든 집어삼켰습니다. 봉희가 지나가는 곳마다 논밭이 뒤집어졌고 농작물은 큰 피해를 입었지요. 예가 한참을 헤매 마침내 봉희를 찾아냈을 때, 봉희는 이미 그가 알유와 착치를 처단했다는 소문에 내심 긴장하고 있었습니다. 봉희는 예에게 맹렬하게 돌진해 선공하려 했지요. 마치 하늘에서 거대한 산봉우리가 떨어지듯 예를 덮치려 했습니다. 그러나 예는 침착하게 뛰어올라 봉희에게 활을 겨누었지요. 활시위를 떠난 화살은 '쉭!' 하는 소리와 함께 봉희의 급소에 꽂혔고, 봉희의 거대한 몸통은 쿵 쓰러졌습니다.

예는 마지막으로 수사를 찾아나섰습니다. 수사는 길이가 800척에 달하는 거대한 뱀으로, 멧돼지처럼 뻣뻣한 털이 돋아 있었습니다. 수사는 하늘을 날거나 땅 위를 달리는 모든 생명체를 먹잇감으로 삼았지요. 심지어 코끼리도 한입에 삼켜 3년간 소화한 뒤 뼈만 뱉는다는 이야기가 들려올 만큼 그 난폭함과 흉악함은 이루 말할 수 없었습니다. 수사는 서남쪽 동정호 기슭에 머물렀지요.

몹시 사나운 수사를 발견한 예는 잠시 당황했습니다. 그러나 머릿속에 좋은 계략이 떠올랐지요. 예는 몸을 돌려 급히 도망치는 척했습니다. 그 모습에 예를 얕본 수사가 즉시 몸을 쳐들고 뒤를 쫓았습니다. 거대한 주둥이를 벌려 새빨간 혀를 날름거렸지요. 그 혀가 예에게

❖ **괴수를 처단한 예**
중국 현대 작가 뤄링羅玲의 작품. 알유, 착치, 봉희, 수사의 네 괴수가 날뛰자 사람들은 안심하고 살아갈 수 없었다. 이때 용맹한 예가 등장해 뛰어난 궁술로 괴수들을 제거하자 모든 사람들이 기뻐했고 땅에는 다시 평온이 깃들었다.

닿기 직전, 예가 갑자기 돌아서서 화살을 힘껏 쏘았습니다. 화살은 번개처럼 수사의 입을 뚫고 들어가 목을 관통했습니다. 수사는 몸을 뒤집을 겨를도 없이 불길에 휩싸였고, 고통에 발버둥을 치며 죽어갔습니다. 마치 불구덩이가 세차게 용솟음치는 듯했지요. 수사는 불에 타 죽으며 한 무더기의 뼈를 남겼고, 그 뼈는 파릉巴陵이라는 커다란 산이 되었습니다.

예가 흉악한 괴물들을 없애자 사람들은 크게 기뻐했습니다. 이제 밤에도 걱정할 필요 없이 마음 놓고 돌아다닐 수 있었지요. 사람들은 예의 용맹함에 감사를 표했고, 아이들에게 영웅적인 예의 이야기를 반복해서 들려주었습니다. 그 이야기는 세대를 거듭해 전해질 것이었지요.

태양을 향해 활을 쏘다

바다 동쪽 멀리 양곡暘谷이라는 곳이 있었습니다. 그곳에는 부상扶桑이라는 거대한 나무가 자랐지요. 부상은 가지가 까마득히 높고 줄기는 잴 수 없을 정도로 두꺼워 마치 세계수 또는 우주처럼 하늘과 태양을 덮고 있었습니다. 천제인 제준과 그의 아내 희화羲和, 그리고 그들의 아들인 열 개의 태양이 바로 이 나무에서 행복하게 살고 있었지요.

밤이 끝날 무렵이면 부상 꼭대기에 서 있는 옥계玉鷄가 날개를 펼치며 '꼬끼오!' 하고 크게 울었습니다. 옥계가 울면 곳곳의 명산에 사는 석계石鷄도 따라 울었고, 석계가 울면 집집마다 있는 수탉도 따라 울었습니다. 이렇게 닭이 울면 희화는 여섯 마리의 용이 끄는 수레에 태양 하나를 태우고 출발했습니다. 희화가 태양을 데리고 하늘에 나타나면 지평선이 점점 밝아지며 아침이 되었고, 인간 세상에 빛과 온기를 주었습니다.

　그러다 시간이 흐르면서 수레는 서쪽의 우연虞淵으로 가라앉았고, 지평선으로 해가 떨어졌지요. 그리고 땅속에서 다시 양곡으로 되돌아왔습니다. 태양은 양곡의 연못에서 하루 동안 묵은 때를 씻고 목욕을 마친 뒤 부상으로 돌아갔지요. 나머지 아홉 태양은 부상의 나뭇가지에서 쉬고 놀며 어머니와 형제가 돌아오기만을 기다렸습니다. 그리고 다음 날이 되면 다음 태양이 희화와 함께 수레를 타고 나갔지요. 이렇게 열 개의 태양이 번갈아 세상으로 나가며 아무런 착오 없이 질서 정연하게 운행되었습니다.

❖ **태양 수레를 묘사한 화상전畵像磚**
신화에 따르면, 태양은 용이 끄는 수레를 타고 날마다 동쪽에서 서쪽으로 이동한다. 수레를 모는 이는 태양의 어머니인 희화. 1980년에 쓰촨성 펑저우시彭州市에서 출토된 이 화상전은 신화에 나오는, 용이 끄는 수레를 묘사한다. 세 마리의 용이 수레를 몰며 하늘을 질주하고 있고, 바퀴는 소용돌이 형상이다. 빛나는 다섯 별이 수레 주위를 둘러싸고 있다.

열 개의 태양은 처음에는 어머니 희화의 보호 아래에서 엄격하게 정해진 노선을 따라 이동했습니다. 그러나 수천 번, 수만 번 이상 같은 하루가 반복되자 모두 지루해졌지요. 태양들은 자기들끼리 의논한 끝에 다음 날 아침에는 어머니의 말을 듣지 않고 다같이 일찍 하늘로 나가 맘껏 놀기로 했습니다.

이튿날 아침이 되자마자 열 개의 태양은 정말로 한꺼번에 뛰어나와 아무런 구속 없이 하늘에서 활개를 치기 시작했지요. 온 세상이 불구덩이처럼 뜨거워졌습니다. 다급해진 희화는 어찌할 바를 몰랐지요. 그녀는 젊고 힘이 센 데다 머릿수도 많은 장난꾸러기들을 감당할 수 없었습니다.

열 개의 태양이 밤낮으로 땅을 비추자 천지 만물은 견딜 수 없는 열기에 시달렸습니다. 땅은 갈라지고 호수는 말라붙었으며 풀과 나무는 모두 시들었지요. 사람과 짐승은 그늘을 찾지 못해 헐떡이며 떠돌았습니다. 게다가 날씨가 무더워지자 온갖 괴수들이 불타는 숲과 끓는 듯한 호수에서 뛰쳐나와 사람들을 해쳤지요. 부족의 지도자들은 무릎을 꿇고 하늘에 기도했습니다. 이를 바라보던 하늘의 지배자 제준은 다시 한 번 예를 보내 인간을 구하기로 했습니다.

예는 제준에게 받은 신궁을 가지고 높은 산 정상에 올랐습니다. 두 개의 거대한 바위를 밟고 올라선 예는 신궁을 당겨 하늘의 태양을 조준했습니다. 그리고는 큰 소리로 외쳤지요.

"더 이상 제멋대로 돌아다니며 세상의 질서를 흩뜨리지 말고, 당장 머물던 곳으로 돌아가시오!"

그러나 열 개의 태양은 예의 말을 듣지 않았습니다. 천제의 아들인 자신들에게 감히 활을 쏠 수 없을 것이라고 생각했지요. 그들은 오히려 기고만장해 더욱 열기를 내뿜었습니다. 산의 풀과 나무가 순식간에 모두 타버리고 사방으로 불꽃이 튀었지요. 예는 더 이상 참지 못하고 화살 세 발을 연달아 쏘아 명중시켰습니다. 순식간에 세 개의 거대한 불덩이가 큰 굉음을 내며 바다로 떨어졌지요.

나머지 일곱 태양은 이 광경을 보고는 분노에 더욱 이글거렸습니다. 그들은 반원형으로 늘어서더니 일제히 예를 향해 뜨거운 화염을 내뿜었습니다. 그러나 예의 분노도 이에 뒤지지 않았지요. 본보기로 셋을 쏘았음에도 여전히 오만방자한 태양들을 향해 예는 다시 네 발의 화살을 쏘아 명중시켰습니다. 네 개의 불덩이가 바다로 풍덩풍덩 떨어졌지요.

이제 남은 태양은 세 개뿐이었습니다. 일곱 형제의 죽음을 보고 덜컥 겁을 집어먹은 이들은 재빨리 달아났습니다. 그러나 예의 손이 더 빨랐지요. 예는 달아나는 태양을 겨누고 화살을 한 발 쏘았습니다. 화살이 '핑!' 하며 날아가 태양을 단번에 쏘아 떨어뜨렸습니다. 예는 달아나는 또 다른 태양을 겨누고 화살을 한 발 쏘았지요. 아홉 번째 불덩이가 바다에 빠지고 물은 끓어올랐습니다. 예는 다시 활시위에 화살을 걸었습니다. 그때 갑자기 산기슭에 숨어 있던 사람들이 이렇게 소리쳤지요.

"마지막 태양은 남겨주세요, 그마저 쏘아 떨어뜨리면 세상은 암흑이 되고 말 거예요!"

❖ **예와 태양을 묘사한 석함**

1951년 쓰촨성 신진현 바오쯔산에서 출토되었다. 이 석함에는 예가 해를 쏜 신화 속 전설이 묘사되어 있다. 가운데에는 두 나뭇가지가 한데 붙은 나무가 있고, 양쪽에는 각각 새가 한 마리씩 앉아 있는데 봉과 황이다. 이밖에도 13마리의 작은 새가 나무 사이에 흩어져 있다. 봉황은 태양을, 나무는 부상을 상징한다. 예가 활시위를 당겨 봉황을 향해 화살을 쏘고 있다. 전체적으로 생동감이 넘치고 장식적이다.

　예는 하늘 한쪽 귀퉁이에서 두려움에 벌벌 떠는 마지막 태양을 보고 활을 거두었습니다. 완전히 지친 예는 산꼭대기에 앉았습니다. 그는 여기저기 화상을 입었습니다. 멀리 숨어 예를 지켜보던 사람들이 나타나 그의 이름을 외치며 환호를 보냈지요. 그 소리는 마치 평화로운 새 날을 축하하듯 온 땅에 울려 퍼졌습니다.

　한편, 예의 화살에 맞아 떨어진 아홉 태양은 죽지 않았습니다. 그들은 여전히 제준과 희화의 아들이었지요. 짧은 반항 끝에 부모 곁으로 돌아온 태양들은 용서를 구하고 부상으로 돌아갔습니다. 매일 반복되는 끊임없는 세월은 혈기왕성한 그들에게는 영원한 시련 같았습니다. 이들의 반항은 불변의 질서에 저항하는 찰나의 불꽃 같은 일이었지요.

달로 날아간 항아

제준은 희화와의 사이에 열 개의 태양을, 상의常儀[25]와의 사이에 열두 개의 달을 낳았습니다. 그 열두 개의 달 중에 항아嫦娥라는 아름다운 딸이 있었다고 하지요. 이번에는 달과 항아에 관한 이야기를 살펴보고자 합니다.

항아는 흑단처럼 검고 윤기 나는 길고 탐스러운 머리카락을 가지고 있었습니다. 그녀는 몹시 상냥하고 아름다웠으며, 노래와 춤에 능했습니다. 제준은 항아를 매우 아꼈지요. 예가 해를 쏘아 세상 사람들을 구하자 제준은 그 업적을 높이 사 항아를 그에게 시집보냈습니다. 예는 항아를 보고 첫눈에 반했고, 항아도 영웅의 기상을 지닌 예에게 푹

---

25 상희常羲라고도 한다.

빠졌습니다. 부부 사이의 정은 몹시 깊었고, 예는 사람들에게 사냥 기술을 전수할 때를 제외하고는 온종일 집에서 항아와 시간을 보냈습니다. 사람들 모두가 이 젊은 부부를 축복하고 동시에 부러워했지요.

마음씨 어진 예는 항아와 부부의 연을 맺은 뒤에도 늘 주변 사람들의 고통에 관심을 기울였습니다. 그는 서왕모에게 인간을 자연재해와 인재, 생로병사의 저주에서 벗어나게 할 방법이 있다는 말을 듣고는 도움을 청하러 갔습니다. 서왕모는 표범의 꼬리와 호랑이 이빨을 가졌으며 휘파람을 잘 불었지요. 그녀에게는 파랑새가 세 마리 있었습니다. 이 새들은 푸른 몸에 붉은 머리, 검은 눈을 가졌고 단번에 천 리를 날아 서왕모에게 진귀한 음식을 가져다주었지요.

서왕모는 때때로 절벽 위에 서 고개를 들고 하늘을 향해 크게 휘파람을 불었습니다. 그 소리가 계곡에 울리면 산에 사는 온갖 짐승들은 겁에 질려 달아났지요. 그녀에게는 전염병을 퍼뜨리거나 몰아낼 수 있는 신묘한 힘도 있었습니다. 서왕모는 사람의 생명을 빼앗을 수도, 구할 수도 있었지요.

한편 서왕모에게는 수천 년에 한 번 꽃이 피고, 그로부터 다시 수천 년이 지나야 겨우 열매가 열리는 나무가 있었습니다. 서왕모는 그 열매를 따서 불사약을 만들고 귀한 보물처럼 보관했습니다. 인간 세상의 수많은 이가 불사약을 얻고자 그녀의 행방을 쫓았습니다. 하지만 서왕모는 곤륜산 정상의 요지, 곤륜산 서쪽 옥산, 때로는 태양이 지는 엄자산崦嵫山을 오가며 살았고, 곤륜산을 감싼 깊은 물과 맹렬한 불길을 뚫을 사람은 아무도 없었지요.

서왕모가 곤륜산에 산다는 이야기를 들은 예는 즉시 그곳으로 출발했습니다. 그는 불굴의 의지와 영민한 지혜로 물과 불의 장벽을 뚫고 곤륜산 가까이 접근했습니다. 예는 요지 근처에서 마침내 서왕모를 만났지요. 그의 행적을 익히 들어 알고 있던 서왕모는 그 공로를 높이 평가했습니다. 예는 서왕모에게 자신이 찾아온 목적을 설명했습니다. 그러자 서왕모는 신조神鳥에게 컴컴한 동굴에서 조롱박을 가져오게 했습니다. 그녀는 그 조롱박을 예에게 주며, 안에 든 선약을 두 사람이 나눠 먹으면 불로장생하고 한 사람이 다 먹으면 하늘로 올라가 신선이 될 수 있다고 일러주었지요.

예는 불사약을 가지고 집으로 돌아왔습니다. 그는 항아에게 약을 건네며 잘 보관하라고 당부했습니다. 항아는 즉시 그것을 화장대 위의 보물상자에 넣었지요.

예가 해를 쏘아 세상을 구한 뒤, 그 명성이 널리 퍼지자 많은 이들이 가르침을 받으러 찾아왔습니다. 그중 봉몽蓬蒙이라는 자가 있었지요. 봉몽은 늘 예를 따라다니며 그의 행적을 관찰했습니다.

❖ **서왕모를 묘사한 화상전**

1955년 쓰촨성 청두시成都市 신두구新都區 신판진新繁鎭 칭바이향淸白鄉에서 출토된 한나라 시기 유물이다. 중앙에는 서왕모가 용호좌龍虎座에 앉아 있다. 그 주위에는 서서 춤추는 두꺼비, 구미호, 영지를 쥔 옥토끼, 삼족오三足烏(중국 신화에서 태양에 산다고 여겨지는 발이 세 개인 까마귀) 등이 있다.

드디어 만나는 중국 신화

그러다 우연히 예가 항아에게 무언가를 조심스럽게 건네는 모습도 보았지요. 봉몽은 그것이 불사의 약임을 확신했습니다.

그로부터 며칠 뒤, 예는 사람들을 데리고 산으로 사냥을 떠났습니다. 봉몽은 그 틈을 타 항아가 홀로 남은 집으로 향했지요. 그는 칼을 들고 항아를 위협하며 불사약을 내놓으라고 했습니다. 겁에 질린 항아는 화장대 위의 상자를 열어 불사약을 꺼내서는 한입에 삼켰습니다.

그러자 항아의 몸은 순식간에 가벼워지더니 두둥실 떠올랐습니다. 그녀는 창문 밖으로 날아가 곧장 달의 월궁月宮으로 향했습니다. 항아는 하늘로 올라가면서도 몇 번이나 인간 세상을 돌아보았습니다. 산과 강, 나무와 꽃이 점점 멀어졌습니다. 신선이 되어 달에 도착한 항아는 월궁에 거처하게 되었지요.

사냥에서 돌아온 예는 바닥에 떨어져 있는 상자를 보고 망연자실했습니다. 시녀들이 울면서 낮에 있던 일을 고했지요. 봉몽은 일찌감치 달아났습니다. 예는 후회스러운 마음을 추스르며 항아를 그리워할 수밖에 없

❖ 〈항아집계도嫦娥執桂圖〉

항아를 묘사한 명나라 화가 당인唐寅의 작품이다. 예의 아내 항아는 불사의 약을 홀로 먹고 신선이 되어 달로 떠났고, 이후 항아와 관련한 계수나무 이야기가 전해진다. 그림 속 항아는 청아한 미인으로, 온화한 표정으로 손에 계수나무 꽃을 들고 있다. 머리 부분 윤곽선이 매끄럽게 표현되었고, 얼굴 부분이 달빛처럼 밝게 표현되었다.

었습니다. 그때부터 매달 보름달이 뜨는 밤이면 예는 뒤뜰에 항아가 평소 즐겨 먹던 신선한 과일을 차려 놓고 홀로 술을 마셨습니다. 미풍이 불어와 꽃 그림자와 나무 그림자가 흔들리면 마치 월궁에서 홀로 춤추는 항아가 보이는 듯했지요.

한편 달로 날아간 항아는 원래부터 월궁에 살던 두꺼비와 함께 달의 운행을 관장했습니다. 그녀는 월궁에 있던 흰 토끼와 함께 인간 세상의 혼인을 관장하기도 했지요. 항아와 두꺼비, 토끼는 서로 의지하며 살아갔습니다. 그들은 밤낮으로 쉬지 않고 달의 계수나무를 찧어 선약仙藥을 만들었습니다. 계수나무 꽃에서 나는 향기는 때때로 인간 세상으로 내려왔습니다. 그러면 마치 사랑의 흔적처럼 밝은 달이 휘영청 빛나고 온 세상에 향기가 가득했지요.

❖ 〈월중계토도月中桂兔圖〉

달의 계수나무와 토끼를 묘사한 수묵
화로 청나라 명신이자 화가인 장부蔣
溥의 작품이다. 계수나무 꽃을 밝은
색으로 칠해 차가운 배경에 따스함을
더했다. 시구를 함께 배치해 달 속의
옥토끼와 계수나무라는 아름다운 전
설을 생동감 있게 표현했다.

❖ 수정 토끼

남송에서 금나라 사이의 것으로 추정
되는 유물이다. 중국 문화에서 토끼
는 상서로운 존재로 여겨졌다. 십이
지신에 속하는 열두 동물 중 하나일
뿐만 아니라 보름달이 뜬 밤이면 가
족 모두가 무탈하게 모이길 바라는
사람들의 소망을 나타내기도 했다.

중국의 중추절 中秋節

중국의 중추절은 한국의 추석처럼 음력 8월 15일에 해당하는 명절로, 한 해 농사가 무르익는 시기와 맞물립니다. 중추절에 뜨는 둥근 보름달은 풍요와 완성을 상징하며, 가족이 한자리에 모여 수확에 감사하는 때이기도 하지요. 이러한 명절의 공통된 뿌리는 농경 사회에서 계절 변화와 달의 주기를 시간의 기준으로 삼았던 동아시아 전통 사상에서 찾을 수 있습니다.

중국에는 중추절에 달에 제사를 지내며 달빛을 감상하고, 월병을 만들어 먹고, 계수나무 꽃을 담가 만든 술을 마시는 풍습이 있습니다. 이런 풍습은 예로부터 오늘날까지 오랫동안 그치지 않고 이어졌습니다.

중추절의 둥근 달은 흩어졌던 가족의 재회를 상징하고, 고향과 혈육에 대한 그리움을 담아내며, 풍년과 행복에 대한 갈망을 나타냅니다. 다채롭고 귀중한 문화유산이 된 중추절은 단오절, 춘절春節(음력설), 청명절과 더불어 중국의 4대 전통 명절로 일컬어집니다.

❖ 〈십이월령도十二月令圖〉의 팔월

〈십이월령도〉는 청나라 건륭제 때 여러 궁정 화가들이 합작해 완성했을 것으로 추측되는 그림으로, 1년 12개월의 다양한 세시 풍속을 원근법을 적절히 사용해 섬세하게 표현했다. 이 그림은 그중 음력 8월 중추절의 야경을 묘사한 작품으로, 사람들이 함께 모여 잔치를 열고 달빛을 감상하는 화기애애한 광경을 보여준다.

곤에게 주어진 과업

　요가 왕으로서 세상을 다스리던 때, 대홍수가 또 한 번 일어났습니다. 이때 부주산 가장 깊은 곳에 살고 있던 곤鯀은 홍수를 다스리라는 요 임금의 명령을 받았지요. 명령을 받은 곤은 서둘러 아버지 낙명駱明을 찾아갔습니다. 낙명은 그의 아버지이자 곤의 할아버지인 황제로부터 들었던, 첫 번째 대홍수에 관한 이야기를 들려주었습니다. 그는 일찍이 세상에 벌어졌던 죄악과 신성 모독을 열거하고 곤에게 이렇게 말했지요.

　"40일 밤낮으로 이어진 홍수가 지나간 뒤에는 바다와 육지를 분간할 수 없었단다. 죄가 있든 없든, 살아 있는 모든 것이 물에 빠져 깊이 가라앉았지. 물 위에는 온통 죽음의 침묵뿐이었고 가장 순결한 두 사람만이 요행히 살아남았는데, 이들은 한 쌍의 남녀였어. 가혹한 이야

드디어 만나는 중국 신화

기지만, 신은 이런 방식으로 최초의 인류와는 다른 새로운 인류를 창조하고자 하셨던 게다."

낙명의 말을 듣던 곤은 이렇게 답했습니다.

"그건 너무 폭력적인 방식 아닌가요? 물론 아버지께서는 저에게 천지는 어질지 않고 냉정하다고 가르쳐주셨지요. 인자하거나 난폭하다고 신과 논쟁하는 것이 터무니없다는 사실도 알고 있습니다. 하지만 존귀하신 아버지, 신이 모든 것을 쓸어버리고 재건한다 해서 새로운 타락이 다시 발생하지 않을 것이라는 보장이 있나요? 지금의 인간들을 보세요. 새로 태어난 인류도 결국 다시 죄와 악을 자행하고 있습니다. 만약 지금 이 순간, 신께서 또 다시 세상을 완전히 파괴하려 한다면, 제가 하는 일에 대체 어떤 의미가 있는지요?"

낙명은 간결하게 답했습니다.

"곤, 너는 강을 관장하는 작위에 봉해졌다. 그래서 인간들에게 제사를 받는 게지. 게다가 너는 홍수를 다스리라는 요 임금의 명령을 받지 않았느냐."

아버지의 말을 깊이 생각하던 곤은 컴컴한 어둠 속에서 일어나 천천히 나아갔습니다. 물길을 다스리러 출발한 것이지요.

곤이 가장 먼저 본 것은 하늘에 가득한 별이었습니다. 이어 그는 두 개의 초승달을 보았습니다. 옅은 노란 초승달은 멀리 밤하늘에, 파리한 흰 초승달은 물 위에 떠 있었습니다. 검푸른 운무 너머로 산들 사이에서 피어나는 희미한 모닥불이 보였는데, 홍수를 피해 높은 곳으로 올라간 사람들이 피운 것이었습니다. 곤은 거인처럼 몸집이 컸음에도 불구하고 그가 땅을 딛고 서자 물이 무릎까지 올라왔습니다. 때때로 수압을 견디지 못하고 쓰러진 나무가 그의 곁을 스쳐가며 바위에 부딪혀 쩍쩍 갈라지는 소리를 냈습니다. 곤은 날카로운 나뭇가지들을 조심스럽게 피했습니다.

주변을 둘러보던 곤은 건조하고 평평해 보이는 높은 단을 발견했습니다. 곤이 그곳에 앉아 앞으로의 일을 생각하는 동안 점차 하늘이 밝았지요. 그는 동쪽에서 붉게 피어오르는 아침노을을 보았습니다. 일찍이 그토록 아름다운 풍경을 본 적이 없었습니다.

그날 일찍 동굴 밖으로 나왔던 사람들이 회상한 바에 따르면, 그들은 아침 햇살 속에서 긴 뿔이 달린 거대한 짐승을 보았습니다. 그 노란 짐승은 마치 물을 마시는 것처럼 몸을 구부리고 앞으로 나아갔지요. 그렇게 그 짐승이 지나가는 곳마다 물이 줄어들며 흙과 초목의 잔해가 모습을 드러냈습니다. 그들은 이 사실을 알리기 위해 서둘러 동굴로 돌아갔습니다. 더 많은 사람들이 그 희망적인 장면을 보러 왔고, 그들 앞에 보인 것은 밝은 태양 아래 마치 물을 모두 퍼내기라도 한 듯 말라버린 연못 같은 땅뿐이었습니다.

인간은 신을 볼 수 없습니다. 신에게는 자신을 감출 수 있는 힘이 있지요. 반신도 마찬가지입니다. 다만 반신은 신과 인간의 속성을 모두 가지고 있어 간혹 자신의 신분을 잊기도 합니다. 바로 그럴 때 사람들은 반신을 볼 수 있습니다. 곤이 처음으로 일출을 보았던 순간도 그랬습니다. 그때 인간은 거대한 곤을 보고 희망을 얻었지요.

그러나 이후 곤은 사람들이 다시는 자신을 발견하지 못하도록 매우

드디어 만나는 중국 신화

❖ 곤의 치수

스다웨이의 작품. 홍수를 다스리라는 명령을 받고, 곤은 일부 시냇물과 호수만 남겨둔 채 땅 위의 물을 모두 빨아들였다. 산 위에 있던 사람들은 홍수가 더 이상 밀려들지 않는 것을 보고 산에서 내려와 다시 평지에서 살아가기 시작했다. 그러나 곤은 곧 단순한 방법으로는 급한 불만 끌 수 있을 뿐, 본질적인 문제는 해결할 수 없다는 사실을 깨닫는다.

조심했습니다. 시냇물과 호수만 남겨둔 채 땅 위의 물을 차례차례 빨아들이던 곤은 더 먼 곳에 있는 물을 제대로 막고자 주변 산을 일부 무너뜨렸습니다. 이렇게 해서 크고작은 분지들이 형성되었지요. 산에 숨어 있던 사람들은 홍수가 멎은 것을 보고 산에서 내려와 평지에 다시 터전을 잡고 살아갔습니다. 곤은 홍수를 다스리며 조금씩 동쪽으로 이동했지요.

산세는 점차 완만해졌고 평야는 넓어졌습니다. 땅은 광활한데 주위에 있는 돌은 물을 막기에 충분치 않아 차츰 힘에 부쳤습니다. 처음에 곤은 자신의 힘만 믿고 부주산으로 돌아가 부주산과 그 옆 숭오산崇吾山의 돌을 채취했습니다. 그러다가 그는 깨달았습니다. 끝없이 펼쳐진 동쪽 평야의 물을 다스리는 데에는 천릿길을 짊어지고 온 돌도 전혀 쓸모가 없다는 사실을 말이지요. 범람한 물은 이미 바다까지 뻗어 있었고, 빙하가 녹으면서 갑자기 불어난 바닷물이 조수 차이로 역류해 들어와 세찬 강물과 뒤섞였습니다. 곤은 고작해야 강을 관장할 수 있을 뿐, 바닷물까지 빨아들일 능력은 없었습니다. 홍수를 다스리는 것은 그에게는 너무 무거운 과업이었습니다.

신의 보물, 식양을 훔치다

곤은 동쪽 바닷가에 선 채 눈물을 흘렸습니다. 이제 더 이상 무엇을 해야 할지 알 수 없었지요. 그때, 공중에서 그를 부르는 듯한 소리가 들렸습니다. 고개를 들고 바라보니 부엉이 한 마리가 곤을 향해 날개를 퍼덕이고 있었고, 그 아래 바다에서는 거북이가 그를 올려다보고 있었지요. 곤의 주위를 맴돌던 부엉이가 거북이의 등에 내려앉더니 이렇게 물었습니다.

"강의 주관자여, 왜 이 바다에 서서 울고 있는 게요?"

곤은 마음을 추스르며 이렇게 답했습니다.

"나는 요 임금으로부터 홍수를 다스리라는 명을 받았소. 그러나 홍수는 끝이 없고 물길은 바다와 이어지는데, 나에게는 물을 막을 돌도 충분하지 않고 그렇다고 바닷물을 모두 빨아들일 능력도 없소."

부엉이는 다시 이렇게 물었지요.

"바닷물을 모두 빨아들이고 싶은 젊은이여, 그렇다면 육지에서 빨아들인 물은 모두 어디로 보냈소?"

곤은 이렇게 답했지요.

"그 물은 모두 뿜어 구름 속으로 보냈고, 구름의 신이 그것을 다시 바다로 보냈소."

부엉이는 생각에 잠긴 표정으로 이렇게 물었습니다.

"그렇다면 설령 그대가 지금 바닷물을 모두 빨아들인다 해도, 그것을 어디에 가두어둘 수 있겠소?"

곤은 스스로가 무능하고 어리석게 느껴졌습니다. 그는 문득 부엉이로부터 지혜를 얻어야겠다는 생각이 들었지요.

"우주에서 가장 지혜로운 새여, 내가 어떻게 하는 것이 좋을지 알려주시오."

부엉이는 두어 번 헛기침을 하고 이렇게 말했습니다.

"만물은 상생상극한다고 하지 않소? 곤륜산에는 물을 이기는 물질 '식양息壤'이 있다고 하오. 한 움큼의 흙처럼 생겼는데, 물을 만나면 불어나고 영원히 줄어들지 않는다고 하더군. 그대가 식양만 손에 넣는다면 홍수를 다스리는 것은 시간 문제일 것이오. 그런데…"

부엉이가 말을 끝내지 않고 얼버무리자 곤은 재차 물었습니다.

"그런데, 무슨 문제가 있소?"

이때, 지금까지 침묵하고 있던 거북이가 단호히 말했습니다.

"이제 그만 갑시다."

❖ **상나라 말기 청동 술동이**

1975년 허난성 안양安陽 은허殷墟의 부호婦 好 무덤에서 출토되었다. 고대 중국에서는 올빼밋과에 속하는 새를 통틀어 '효鴞'라고 일컬으며 신성시했다. 사진 속 유물은 지 금까지 중국에서 발견된 가장 오래된 부엉 이 모양 청동 술동이로, '부호효준婦好鴞尊' 이라 부른다. 몸체가 복잡하고 화려한 문 양으로 장식되어 있다.

부엉이는 고개를 끄덕이더니 거북이의 등을 세게 박차며 날개를 펴 고 하늘로 날아올랐습니다. 황갈색의 커다란 거북이는 즉시 바닷속으 로 사라졌지요.

이후 며칠간 곤의 머릿속에서는 식양 생각이 떠나지 않았습니다. 부엉이의 말이 두루뭉술했기에 곤의 궁금증은 한층 커졌지요. 곤은 일단 곤륜산을 찾아가기로 했습니다. 전해지는 기록에 곤이 어떻게 곤륜산에 도달했고, 어떻게 식양을 손에 넣었는지에 대한 내용은 없 습니다. 단지 그가 식양을 '훔쳤다'고만 나와 있지요. 아마 요 임금을 통해 식양을 얻으려던 곤이 단칼에 거절을 당하고, 젊은 혈기에 신통 력을 써 식양을 훔쳤을 것이라고 보는 게 가장 합당합니다.

곤륜산에서 식양을 지키던 수호신은 요에게 이 사실을 신속히 보고

❖ ⟨신귀도神龜圖⟩

중국에서 거북이는 용, 봉황, 기린과 더불어 '사령四靈'으로 일컬어지며, 장수를 상징하는
상서로운 동물이다. 그림은 금나라 화가 장규張珪의 작품으로 거북이가 머리를 치켜든 채
입으로 구름을 뿜어내고 있다. 상서로운 구름 속에 붉은 태양이 보이고, 태양 안에 글자[26]
가 있어 신비로운 분위기를 자아낸다.

했습니다. 그러나 요 임금은 바로 곤을 추궁하지는 않았습니다. 곤은
황제의 손자이기도 했고, 사실 요는 곤이 아니었다면 식양이라는 보
물이 있다는 사실을 알지도 못했을 겁니다. 요 임금도 내심 여와 때부
터 전해져온 이 신비로운 보물의 힘을 보고 싶었습니다.

곤은 먼저 평원 지대와 해변에 식양을 뿌렸습니다. 그는 이 신기한
흙이 물에 닿자마자 급속도로 불어나는 광경을 지켜보았지요. 물이

---

26 구름 속 불그스름한 태양 안에 장수를 뜻하는 '수壽'를 변형한 한자가 보인다.

넘실대던 곳이 높이 상승하며 습지가 되더니, 곧 물기가 마르고 단단한 땅이 되었습니다. 맹렬했던 홍수는 잦아들었고 물은 땅 밑으로 스며들어 지하수가 되거나 흘러흘러 바다로 갔지요.

곤은 매우 기뻤습니다. 그러나 기쁨도 잠시, 식양이 불어나는 속도는 상상 이상이었습니다. 해안선이 너무 빠른 속도로 후퇴하고 있었지요. 원래 수생 생물이 번성하던 곳이 흙으로 채워졌습니다. 순식간에 굳어지고 높아진 갯벌에서는 깊은 바다로 미처 빠져나가지 못한 물고기들이 헐떡거리며 몸부림쳤지요. 육지에 있던 각종 호수와 강도 식양으로 인해 점차 말라붙었고, 개구리와 악어 등 양서류와 파충류는 밀림으로 내몰렸습니다. 곤은 식양을 회수하고 싶었으나 그 속도는 상상을 초월해 이미 곳곳으로 퍼져나갔지요.

곤은 자신이 천상의 보물로 큰 잘못을 저질렀음을 깨닫고 천제에게 징벌을 받으러 위우산委羽山으로 향했습니다. 햇빛조차 닿지 않는 북쪽 끝 어두운 곳이었지요. 촛불을 입에 문 촉룡燭龍이 그곳을 지키고 있었습니다. 곤은 어슴푸레한 빛 속에서 처분을 기다렸습니다.

얼마 지나지 않아 귀에 뱀을 매단 신 축융祝融이 화룡火龍을 타고 나타났습니다. 그는 공중에 서서 곤에게 말했습니다.

"곤, 내가 왜 이곳에 왔는지 아는가?"

"알고 있습니다." 곤이 답했지요.

"몇몇 신들이 자네를 위해 사정하고 있다네. 특히 희씨羲氏와 화씨和氏는 자네가 수년간 밤낮 가리지 않고 홍수를 다스리기 위해 고생한 일을 이야기했지. 그러나 사악四岳과 해신海神은 이 문제를 그냥

넘기려 하지 않아. 그들은 자네가 산을 부수고 바다를 메우려 한 일을 비난한다네. 자네가 인간을 위해 한 행동 때문에 결국 수많은 산의 요괴와 바다의 물고기가 돌아갈 곳을 잃었다고 말일세."

곤은 힘없이 고개를 끄덕였습니다.

"그들의 말이 옳습니다. 모두 제 불찰입니다."

축융은 말을 이어갔지요.

"요 임금도 몹시 화가 나셨다네. 그분이 허락하지 않았는데 자네가 식양을 훔쳤으니 중죄를 저지른 게야. 공연히 인간 세상에 새로운 재앙을 초래했으니, 아마 용서받기는 어려울 걸세."

곤은 고개를 끄덕였습니다. 그의 머릿속에 인간 세상이 스쳐갔지요.

"지금 인간 세상은 어떤지요?"

축융은 짐짓 심각한 표정으로 답했습니다.

"홍수는 물러났으나 극심한 가뭄이 들어 땅이 황폐해졌다네. 식양은 여전히 퍼져 나가고 있고, 바다는 줄어들고 있어. …… 죄를 지은 신의 피를 제물로 바쳐야만 식양을 거둬들일 수 있다네."

이 말을 끝으로 곤과 축융 사이에 잠시 정적이 맴돌았습니다. 이윽고 축융이 정적을 깼지요.

"자네가 아무리 황제의 고귀한 후손이라고 해도, 율령을 따르지 않을 수는 없다네. 더 하고 싶은 말이 있는가?"

곤은 슬픈 표정으로 물었습니다.

"만약 최고신께 인류를 다시 멸망시킬 생각이 없었다면, 왜 막기 어려운 홍수를 다시 내리셨는지 알고 싶습니다. 그리고 왜 완수할 수 없

드디어 만나는 중국 신화

는 임무를 나에게 맡기신 것일까요?"

곤은 아버지인 낙명에게 질문하던 순간을 떠올렸습니다. 그때나 지금이나 곤의 의문은 한결같았지요.

"아! 안타깝지만 그 문제에 대한 답은 내가 줄 수가 없군."

축융은 크게 탄식했습니다. 그리고 곧장 곤을 처형했지요. 곤의 몸에서 새빨간 선혈이 뿜어져 나오는 순간, 걷잡을 수 없이 퍼져 나가던 식양은 마치 쏟아지던 폭포가 얼어붙듯 뚝 멈추었습니다.

❖ 싼싱두이에서 출토된 청동 가면

중국 쓰촨성 광한시 고대 유적 싼싱두이 2호 제사갱祭祀坑(제사 의식을 위해 사용했던 구덩이)에서 출토된 청동 가면으로 높이는 66센티미터, 너비는 138센티미터에 달한다. 이마 중앙에 사각형 구멍이 있고 귀는 뾰족한 복숭아 형태로 높이 치솟아 있다. 눈은 치켜뜨고, 눈초리는 치켜 올라가 있다. 눈알은 기둥 모양으로 16센티미터 정도 튀어나와 있으며 콧대는 짧고, 지긋이 다문 커다란 입은 신비로운 미소를 짓고 있다. 중국 고대 신화 속 천신 촉룡은 사람 얼굴에 뱀의 몸을 하고 있으며, 하늘과 땅의 빛과 어둠을 관장했다. 대표적인 특징은 눈알이 튀어나온 형태라는 점이다. 눈알이 바깥으로 돌출된 '종목縱目' 청동 가면의 근원은 옛 기록에 나오는 촉룡 형상과 관련 있을 것이다.

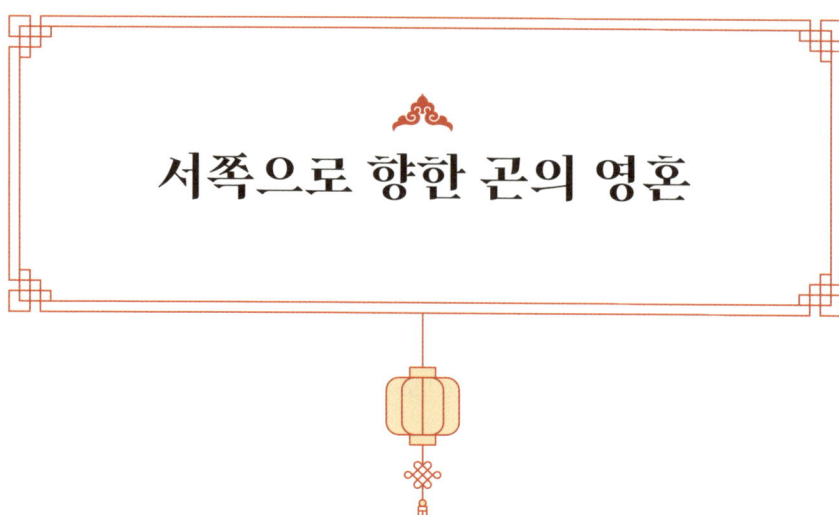

서쪽으로 향한 곤의 영혼

곤의 육신은 땅에 쓰러졌습니다. 그러나 엄청난 후회와 죄책감, 의문이 남아 그의 영혼은 그대로 떠나지 못했지요. 곤의 영혼은 황색 곰으로 변했습니다. 그는 헌원구軒轅丘로 돌아가 할아버지인 황제를 만나 자신에게 왜 이루지 못할 임무가 주어졌는지 알아내고자 했습니다.

계속 서북쪽으로 향하던 곤은 율광야栗廣野를 지나며 여와의 창자에서 나온 열 명의 신인神人이 길에 옆으로 드러누워 즐거워하는 모습을 보았습니다. 또한 동쪽에서 떠 서쪽으로 지는 해와 달을 따라 풍저옥문산豊沮玉門山, 용산龍山, 오오거산鏖鏊鋸山, 방산方山 등을 잇달아 지나갔지요.

곤은 허噓라는 신이 지키는 일월산日月山도 지났습니다. 허는 사람의 얼굴에 팔은 없으며 두 발이 머리 위에 붙어 있었습니다. 곤은 형

드디어 만나는 중국 신화

천刑天의 머리가 묻힌 상양산常羊山도 지났습니다. 형천은 황제와 신의 지위를 놓고 싸우다가 이곳에서 머리가 잘렸지요. 그러자 젖꼭지가 눈으로, 배꼽이 입으로 변해 한 손에는 방패, 다른 손에는 도끼를 들고 계속해서 황제에게 도전했다고 전해집니다.

곤은 대황산大荒山도 지나갔습니다. 그곳에는 황제의 뒤를 이어 세상을 다스렸던 전욱의 아들이 살고 있었는데, 얼굴은 셋에 팔은 하나뿐인 그는 불사의 존재였습니다. 또한 곤은 남자들만 사는 장부국丈夫國과 여자들만 사는 여자국女子國도 지났지요.

얼마 후 곤은 옥야沃野에 이르렀는데, 그곳에는 신과 인간이 바라는 모든 것이 있었습니다. 봉황이 노래하고 춤추었고, 온갖 짐승이 무리 지어 살고 있었지요. 옥야의 주인 서왕모는 연회를 베풀어 곤을 환대하며 그가 이곳으로 온 연유를 물었지요. 곤은 이렇게 답했습니다.

"지나가던 길에 들렀을 뿐입니다. 저는 할아버지를 찾아가 제 운명에 관한 답을 구하고 싶습니다. 할아버지는 더없이 높은 신이시니 모든 것을 아실 테지요."

서왕모는 잠시 생각에 잠겼다가 이렇게 답했습니다.

"신의 뜻을 헤아리기는 쉽지 않아. 게다가 그분께는 자네 말고도 수많은 손자가 있지. 자네는 이미 죽은 반신半神인데, 차라리 이 비옥한 들판에 머무는 게 낫지 않겠나? 여기서 위로를 찾을 수 있을 텐데…. 이들도 처음에는 자네와 같았다네. 원망과 분노에 사로잡혀 마음을 가라앉힐 수 없었지. 하지만 이곳에 온 뒤로는 즐거움과 안락함을 누리고, 모두 눈부시게 빛나고 있어."

곤은 이렇게 물었습니다.

"다들 더 이상 괴로워하지 않는다는 말씀이십니까?"

서왕모는 고개를 끄덕였습니다.

"결코. 앞으로도 영원히 그럴 거야."

곤은 이해가 되지 않았습니다.

"하지만 그들이 완수하지 못한 과업은요? 그리고 그들이 죽었다 할지라도, 해결 못한 문제들이 남아 있지 않습니까?"

서왕모는 웃으며 답했지요.

"그들은 더 이상 그런 걸 고민하지 않지."

곤은 눈물을 흘리기 시작했습니다.

"하지만 저는 그럴 수 없습니다. 저는 홍수를 다스리려고 여러 해 동안 애를 썼습니다. 신의 뜻을 거스르고 식양까지 훔쳤고요. 오로지

인간을 구하고자 했을 뿐인데, 결국엔 도리어…. 이건 말도 안 됩니다. 제 삶 전체를 통째로 부정당한 기분입니다. 저는 이 감정을 견디며 이곳에서 즐겁게 웃으며 지낼 수가 없습니다."

서왕모는 고개를 끄덕였습니다.

"그래, 알겠네. 그렇다면 헌원구로 떠나야지. 가서 할아버지를 찾게. 황제를 만나면 내 안부도 전해주고. 만약 그를 만나지 못하면, 남쪽 영산靈山을 찾아가게. 그곳에서 열 명의 무당이 자네를 도와줄 테니."

말을 마친 서왕모는 붉은 머리와 검은 눈을 가진 파랑새를 보내 곤

❖ 〈조원도朝元圖〉(일부)

산시山西성 영락궁永樂宮의 삼청전三淸殿 서쪽 벽에 남은 원나라 때 그림으로, 여러 신이 원시천존元始天尊(천지가 생겨나기 이전에 자연의 기운을 받고 태어난 영원불멸의 존재)을 알현했다는 이야기를 묘사한 벽화다. 봉관鳳冠을 쓰고 관복을 입은 채 위엄 있는 자세와 온화한 표정으로 의자에 앉아 있는 왼쪽 여인이 서왕모. 얼굴이 통통하고 몸매가 풍만한 묘사는 이를 아름다움으로 간주한 당나라 이래의 심미 전통을 계승한 것이다.

의 영혼을 안내하게 했습니다. 그는 서왕모와 작별 인사를 나누고 파랑새를 따라 계속 나아갔습니다. 가는 길에 기이한 존재를 많이 만났습니다. 잉어처럼 생긴 용어龍魚, 등에 뿔이 있고 여우처럼 생긴 승황도 마주쳤지요(신농이 승황을 데리고 약초를 구하러 다녔다는 이야기를 기억하지요?). 승황을 타면 2,000살까지 살 수 있었습니다.

곤과 파랑새는 아침 일찍 산기슭에 이르렀습니다. 파랑새가 곤에게 말하길, 그들이 도착한 산이 궁산窮山이고 이 산만 넘으면 바로 헌원구라고 했지요. 말을 마친 파랑새는 곤을 남겨둔 채 날아가버렸습니다. 곤은 곧 황제를 만날 수 있다는 생각에 가슴이 뛰었지요. 신을 만나면 자신이 겪은 일에 대한 해답을 얻을 수 있을 것이었습니다. 눈앞의 산은 그다지 험난해 보이지 않았고, 한 시간이면 넘을 수 있을 듯했습니다. 곤은 곧장 산꼭대기를 향해 올라가기 시작했지요.

곤이 한창 산을 오르고 있는데, 태양신이 모는 마차가 동쪽 바다 너머 대황大荒 가운데의 푸른 하늘에서 천천히 다가오더니 그의 머리 위를 지나 앞으로 질주했습니다. 그러나 곤은 아직 산 중턱밖에 가지 못했지요. 산은 마치 자라나는 것처럼 곤이 오르면 오를수록 더욱 높아지는 듯했습니다. 곤은 산 정상에 오르려고 미친 듯이 달렸지요.

해가 서쪽으로 기울자 불타는 듯한 구름이 산꼭대기에 붉게 반사되며 노을과 하나된 것처럼 보였습니다. 그 광경에 곤은 위대한 신 과보夸父의 이야기를 떠올렸습니다. 과보는 치우가 황제와 탁록에서 전투를 벌일 때 치우 편에 섰던 신이기도 하지만, 태양과 달리기를 한 영웅이기도 합니다. 그 이야기를 잠시 살펴볼까요?

드디어 만나는 중국 신화

옛날 옛적, 과보는 태양이 항상 동쪽에서 뜨고 서쪽에서 지는 것을 신기하게 여겼습니다. 서쪽 지평선 너머에 무엇이 있는지도 궁금했지요. 과보는 해를 따라잡기로 결심했습니다. 다음 날 아침 일찍, 그는 해를 쫓아 달리기 시작했습니다. 해는 생각보다 빨랐고 과보는 쉴 틈 없이 달렸지요. 그는 거대한 강 황하黃河와 위하渭河를 성큼성큼 건넜습니다. 그러나 아무리 달려도 해는 그보다 앞에 있었지요. 결국 과보는 해를 따라잡지 못하고 쓰러져 숨을 거두고 말았습니다.

❖ **해를 쫓는 과보**

중국 현대 화가 쉬쩡잉徐增英의 작품. 전설에 따르면 거인 과보는 해를 쫓다가 극심한 갈증으로 숨을 거두었다. 과보의 이야기는 유한한 생명의 속박을 초월해 영생을 얻고자 했던 고대인의 소망을 반영한다.

날이 점차 어두워지자 곤은 바위투성이 산비탈에서 부드러운 풀밭을 찾아 누웠습니다. 그는 기운을 되찾기 위해 일단 잠을 청하기로 했지요. 잠들기 전에 곤은 잠시 중얼거렸습니다.

"만약 과보도 이렇게 잠부터 잘 잤더라면, 분명 해를 따라잡을 수 있었을 텐데…."

마침 한여름이라 밖에서 밤을 보내기 적당했지요. 남쪽 밤하늘을 순찰하던 창룡 별자리의 별들은 곤이 중얼거리는 소리를 들었습니다.

이튿날 아침, 잠에서 깨어난 곤은 뜻밖에도 궁산이 더 이상 높아지지 않고 그대로인 것을 보았습니다. 곤이 멈추자 산도 자라나기를 멈춘 것 같았지요. 곤은 다시 가슴이 뛰었습니다. 전날 산허리까지 올랐으니, 이 기세라면 오늘은 반드시 정상에 오를 수 있을 듯했지요. 곤의 영혼은 전날보다 더 빠른 속도로 힘껏 산을 오르기 시작했습니다.

해가 질 무렵, 곤은 고개를 들어 검푸른 산의 정상을 올려다보았습니다. 그런데 뒤를 돌아보니 여전히 중턱에 머물러 있는 것처럼 보였지요. 그는 의아하게 생각했으나, 다시 조금 쉬었다가 산을 오르기로 결심했습니다. 이렇게 며칠간 곤은 궁산을 오르려 애썼으나 아무리 올라도 정상에 다가갈 수 없었습니다. 두려운 예감이 들었지요. 그는 궁산의 정상에 영원히 도달하지 못할 것이었고, 결코 산을 넘을 수 없을 터였습니다. 이것이 어쩌면 궁산, 즉 극한의 산이라는 이름에 담긴 원래 의미인지도 모릅니다.

❖ **서왕모를 묘사한 막고굴 제249굴 벽화**

중국 간쑤성 둔황 막고굴 제249굴 남쪽 천장 경사면의 벽화. 중앙에 그려진 서왕모는 소매가 넓은 장포를 입고 봉황 세 마리가 끄는 수레에 올라 있다. 수레 위에는 화개華蓋가 있고, 수레 뒤에는 깃발이 펄럭인다. 봉황을 탄 신선이 앞에서 인도하고 있으며, 아래쪽 산림에는 양, 들소, 승냥이 등이 그려져 있다.

영산에서 길을 찾다

　보아하니 황제는 곤을 만나주지 않을 것이 분명했습니다. 곤의 영혼은 황제를 만나지 못하면 영산에 가보라는 서왕모의 말을 떠올리며 궁산에서 내려왔습니다. 하산길은 놀라울 정도로 순탄했습니다.

　이윽고 곤은 파랑새와 작별했던 곳에 도착했습니다. 그는 마지막으로 다시 궁산을 바라보았지요. 보기에는 특별할 것 없이 평범한 돌산이었습니다. 덤불과 바위 틈새로 낮은 관목이 자라고 있었으며, 정상이 한눈에 보였지요. 그는 궁산에서 눈을 떼고 발걸음을 돌렸습니다.

　영산으로 가는 길은 어렵지 않았습니다. 곤의 영혼은 광활한 황야를 건너 남쪽으로 향했습니다. 동쪽 하늘에 샛별이 나타났을 때, 그는 연기가 자욱하고 나무가 우거진 산기슭에 이르렀지요. 그곳에서 검은 비단으로 가장자리가 장식된 심의深衣(신분이 높은 선비가 입는 웃옷)를 입은 열 명의 무당을 보았지요. 그들은 맨발에 머리를 풀어헤치고, 능선을 따라 길게 줄지어 서서 곤을 기다리고 있었습니다. 무당의 이름은 차례대로 무함巫咸, 무즉巫卽, 무반巫盼, 무팽巫彭, 무고巫姑, 무진巫眞, 무례巫禮, 무저巫抵, 무사巫謝, 무라巫羅였지요. 선두에는 오른손에 푸른 뱀, 왼손에 붉은 뱀을 쥔 무함이 있었습니다. 곤의 영혼은 그에게 다가가 이렇게 말했지요.

"하늘과 땅을 오르내리는 스승들이여! 온갖 풀 중 가장 기이한 선약을 찾아낼 수 있고, 이부신貳負神에게 죽임을 당한 불쌍한 알유를 부활시켰으며, 새와 별의 움직임으로 신의 뜻을 해석하며, 거북 껍데기와 시초蓍草(국화과 풀)로 신비한 징조를 읽어내는 자들이여! 부디 나에게 알려주오. 이미 죽었으나 아직 포기하지 못한 신의 후손, 신에게 부름을 받았으나 죽임 당한 불행한 이 망령이 어떻게 이런 완고하고 고통스러운 마음을 진정시킬 수 있는지요? 간절히 다시 한 번 살고 싶습니다. 향락을 위해서가 아니라 내가 저지른 실수를 만회하기 위해 말입니다. 나는 인간 세상의 홍수를 다스리라는 신의 뜻을 완수하지 못했고, 가뭄이라는 새로운 재앙을 초래하고 말았습니다. 모든 것을 만회하고 싶습니다!"

무함은 이렇게 답했습니다.

"강의 주관자여, 우리 모두 당신이 겪은 일을 들었습니다. 홀로 물을 다스리며 고난을 겪었고, 또 인류를 위해 위험을 무릅쓰고 식양을 훔쳤지만 본의 아니게 실수를 저질러 극형에 처해지고 말았지요. 가슴 가득한 분노와 죄책감을 풀 길 없는 영혼으로 이 서쪽 세상을 정처

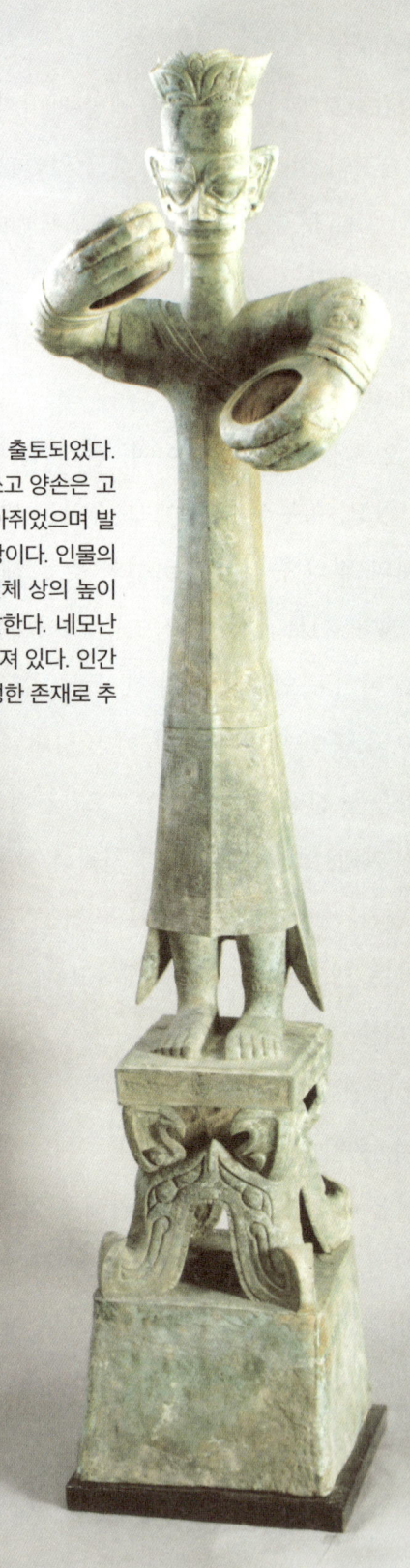

❖ 청동 인물상

싼싱두이 제사갱에서 출토되었다. 머리에는 높은 관을 쓰고 양손은 고리 형태로 둥글게 말아쥐었으며 발에는 발찌를 찬 인물상이다. 인물의 키는 180센티미터, 전체 상의 높이는 260센티미터에 달한다. 네모난 받침대에 괴수가 새겨져 있다. 인간과 신을 연결하는 신성한 존재로 추정된다.

없이 떠돈 지 이미 오래되었군요. 당신이 영산에 온 이상 우리는 힘을 다해 당신을 돕겠습니다."

삼시 말을 멈추었던 그는 이렇게 이어갔지요.

"모든 질문은 답을 품고 있습니다. 잘못된 질문이라면 당연히 질문한 이를 만족시키는 답을 얻기가 어렵겠지요. 그러니 당신의 질문에 납득할 만한 답을 찾으려면, 우리는 먼저 그 질문의 처음으로 돌아가야 합니다. '만일 신이 또 다시 거대한 파괴를 꾀하고 있다면, 내가 하려는 일에 대체 어떤 의미가 있는가?' 이것이 당신의 질문 맞습니까?"

곤은 고개를 끄덕였습니다.

"그렇소. 그게 내가 아버지께 여쭈었던 첫 번째 질문입니다. 내가 처형을 당하기 직전, 축융에게 마지막으로 남긴 질문도 비슷했소."

"하지만 당신은 신이 일으킨 새로운 홍수가 파괴를 위한 것임을 어떻게 확신하나요? 신은 반복되는 파괴와 재창조에 넌더리가 났을 겁니다. 그렇게 끊임없이 원점으로 되돌려서는 어떤 새로운 변화도 일어나지 않지요. 아마 신은 새로운 존재의 출현을 바랐을 겁니다. 그렇지 않다면 왜 굳이 반신인 당신을 보내 홍수를 다스리게 했겠습니까? 첫 번째 홍수의 파괴 때는 없었던 일입니다. 당신이 신의 뜻을 충분히 생각하지 않은 채 성급하게 행동한 것이지요."

곤은 생각에 잠겼습니다. 방금 들은 이야기를 이해할 수 없었지요.

"무슨 말씀인지…… 잘 모르겠습니다."

그러자 무함이 짐짓 오묘한 표정으로 말했습니다.

"오래전에 있었던 첫 홍수는 신의 분노에서 비롯되었습니다. 그때

신은 전능하지만 경험 없는 신참내기 창조주였지요. 그는 자신이 만든 인류가 태생적으로 불완전하다는 것을 점차 깨달았습니다. 인간이 타락하지 않길 바라는 것은 마치 인간이 신이 되길 바라는 것처럼 헛된 일임을 신도 이해했을 겁니다. 그러니 이번 홍수는 파괴가 아니라 단지 신의 일깨움일 뿐입니다. 그런데 인간은 신의 뜻을 헤아리려 하지도 않고, 그저 살고자 높은 산으로 도망쳤지요. 만약 신이 인간을 파괴하고자 했다면, 어느 높은 곳인들 안전할 수 있었을까요?”

곤은 고개를 갸웃했습니다.

“그러니까 신께서 내게 홍수를 다스리라 명한 것은, 그저 홍수만 다스리라는 뜻은 아니었다는 말씀인지요?”

무함은 고개를 끄덕이며 말을 이어갔습니다.

“그렇지요. 우리가 보기에 신께서는 다시 타락한 인류가 당신, 곤을 통해 운명을 깨닫길 바랐던 겁니다. 반복적이고 헛된 신의 파괴 행위에 인류의 운명을 내맡기는 것이 아니라 스스로 거듭나길 기다렸던 것이지요.”

곤의 영혼이 슬피 탄식했습니다.

“아아! 하지만 나는 모든 것을 이제야 알게 되었군요. 정말 어리석었습니다. 생명을 잃은 뒤에야 진정한 사명을 깨닫다니!”

무함은 우를 위로하듯 말했습니다.

“생명은 종결되지 않는 법입니다. 무릇 생명은 흩어져 바람과 구름이 되고, 초목과 흙이 되고, 쇠처럼 단단한 바위가 되고, 세찬 물과 불꽃이 되지요. 흩어짐은 결코 끝이 아닙니다. 그 심오한 생명은 결국 다시 모여 형태를 이루고 새 생명으로 바뀌지요."

　말을 마친 무함은 뒤에 서 있던 무즉의 손에서 풀을 가져와 곤의 영혼에게 건넸습니다.

　"이건 율무입니다. 이걸 먹고 우산羽山 교외에 있는 당신의 몸으로 돌아가세요. 당신이 완수하지 못한 모든 일은 장차 새로운 생명이 완수할 겁니다."

　곤의 영혼은 무함의 말에 따라 구슬처럼 생긴 청백색 열매를 먹고 우산으로 돌아갔습니다. 그리고 그는 땅에 널브러진 몸으로 들어갔지요. 죽은 곤의 몸은 3년이 지나도록 마치 바위처럼 썩지 않았습니다. 그러는 동안 그의 배는 임신을 한 것처럼 날이 갈수록 부풀었지요. 이 사실을 알게 된 요 임금은 천신을 우산으로 보내 예리한 칼 오도吳刀로 곤의 단단한 배를 가르게 했습니다. 그러자 그 안에서 뿔이 둘 달린 규룡虬龍이 튀어나오더니 하늘로 솟구쳐 올랐습니다. 곤의 아들 우禹는 이렇게 탄생했지요.

4부 · 질서

홍수를 종식시키고
나라를 세우다

"우가 걸어간 곳이 구주九州가 되었다네."
지금부터는 신이 어떻게 인간이
되었는지에 대한 이야기다.
돌에서 태어난 우[27]는
아버지 곤이 완수하지 못한 운명을 짊어진 채
땅을 떠돌며 산과 강과 별의 흐름을 익히고
온갖 고난을 겪었다.
그는 흩어져 살던 부족을 이끌어
홍수를 함께 다스렸다.
마침내 인류를 맹목과 타락에서
구하고 나라를 세웠으니,
화하華夏와 구주, 그리고 광대한 중국 문명이
비로소 탄생했다.

---

27 우의 탄생에 대해서는 『회남자淮南子』와 『산해경』에 각기 다른 기록이 남아 있다. 전
자에서는 우가 돌에서 태어났다고, 후자에서는 곤의 배에서 태어났다고 묘사되었다.
이 책은 둘을 적절히 결합해 돌처럼 딱딱하게 굳어버린 곤의 몸에서 우가 태어났다
고 묘사한다.

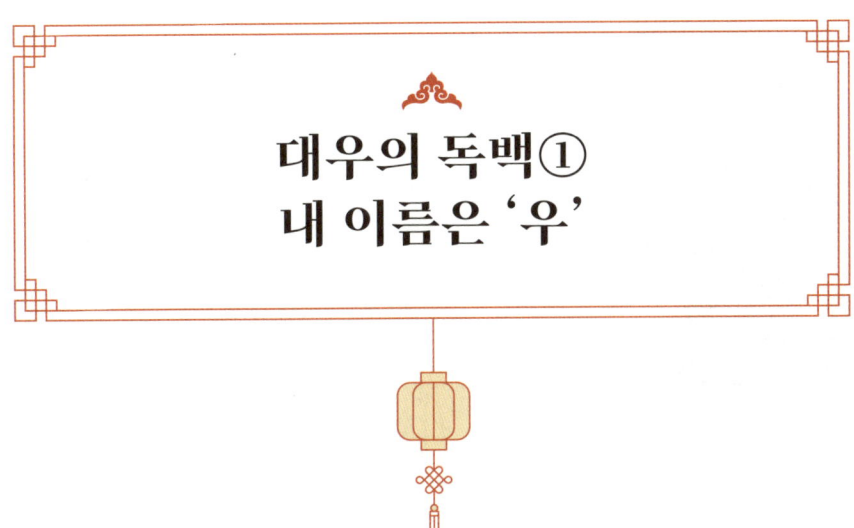

대우의 독백①
내 이름은 '우'

나는 '우禹'라고 불립니다.

먼 옛날에는 인간에게 이름이 없었습니다. 인간도 새나 짐승처럼 하나의 종으로써 번성하긴 했지만, 특정한 개별적 존재로서는 그저 태어나 살아가다 생을 다할 뿐 어떠한 흔적도 남기지 못했지요. 오직 신들만이 제각각 개성과 고유한 힘을 지니고 있었습니다. 그들의 힘은 이름에 내재되어 있었습니다.

최초의 상형문자에서 알 수 있듯이, 내 이름 '우'는 '아홉 구九'와 '벌레 충虫'의 두 부분으로 구성되어 있습니다. 어떤 학자들은 이를 근거로 내가 존재하지 않았으며, 단지 서쪽 융족戎族이 숭배하는 동물 토템일 뿐이라 주장하기도 합니다. 나중에는 '우라는 인물은 사실 벌레였다'라고 와전되어 한동안 떠들썩해지자, 고맙게도 유명 작가가

❖ **우 화상석 탁본**

이 그림에 묘사된 우는 손에 보습을 쥐었고, 머리에 삿갓을 썼으며 소매가 넓은 옷을 입고 네모난 신발을 신었다. 우는 사람들을 이끌고 홍수를 다스리며 세 번이나 집 앞을 지나가면서도 안으로 들어가지 않았다. 그는 고대 중국에서 지혜와 덕을 두루 지닌 성인으로 추앙받았다.

나를 변호하기 위해 소설을 쓰기도 했지요.[28]

하지만 모두가 나에 대해 오해하는 게 있습니다. 그 오해는 고대의 작명 규칙이 이미 소멸한 데에서 비롯되었습니다. 내가 살던 때에 이름이란 통상적으로 '형상'이 아니라 '능력'에 대한 묘사였습니다. 인류에게는 아직 형상을 꿰뚫어볼 지혜가 없었고 하늘과 땅 사이에 드러난 갖가지 힘만을 인식할 수 있었기 때문입니다. '우'라는 이름은 내가 처음 겪은 전투에서 유래했는데, 바로 머리가 아홉 달린 거대한 뱀 상류相柳와의 전투였지요. 이 이야기는 잠시 뒤에 들려드리겠습니다.

28　루쉰魯迅이 대우의 치수를 배경으로 쓴 소설 「이수理水」를 가리킨다. 이 소설에 나오는 조두鳥頭 선생이라는 인물이 '대우는 벌레'라고 했는데, 그는 역사학자 구제강顧頡剛을 풍자한 캐릭터다. 구제강은 우가 벌레, 즉 고대 중국에서 왕권의 상징이었던 아홉 개의 청동 솥 '구정九鼎'에 새겨진 동물이라고 주장했다. 1920~30년대에 구제강을 대표로 한 고사변파는 청 시대 고증학의 전통과 서구 근대사학의 문헌 고증법을 수용해 세밀한 고증을 통해 우 이전의 이야기는 신화라고 주장했다. 이와 관련한 논의는 『고사변古史辨』에 수록되어 있다.

요 임금이 보낸 천신이 예리한 오도
로 돌처럼 딱딱하게 굳어버린 나의 아
버지 곤의 배를 가르자, 그 안에서 뿔
이 둘 달린 규룡이 나왔습니다. 이 규
룡은 황색 곰[29]을 등에 태운 채 정처
없이 떠돌다가 서북쪽으로 향했는데,
그 용이 바로 나 우입니다. 어린 시절
의 내가 아버지의 망혼을 등에 업고,
전에 살던 부주산으로 가 안식을 드리
고자 한 것이었지요.

나는 아버지의 장사를 치르고 서쪽
지역을 돌아다니며 이름난 산과 강을
헤맸습니다. 그러다 무함을 만나 가르
침을 받았는데, 뛰어난 무당인 그는 나
에게 아버지 곤에 대한 이야기를 상세
히 들려주었습니다. 무함이 말하길, 아
버지가 실패한 것은 시종일관 사람이

❖ **우의 초상**

송나라 때 그려진 우의 초상. 우는
신적인 존재 곤의 아들이자, 전설
과 실제 역사를 잇는 인물로 중국
최초의 국가 하나라를 건국했다.
늘 백성을 먼저 생각하며 돕고자
했던 어진 지도자로 묘사된다.

아니라 홍수를 다스리려 했기 때문이었지요. 나의 운명은 사람들의
내면으로 들어가는 것이라고도 넌지시 알려주었습니다. 그래서 나는

---

29 3부에서 묘사된 것처럼, 중국 역사서 『국어國語』에 따르면 곤이 죽은 뒤 그의 영혼은
황색 곰으로 변했다고 한다. 이밖에도 곤이 죽어 자라가 되었다는 설, 현어玄魚(검은
물고기)가 되었다는 설, 황룡이 되었다는 설 등이 있다.

영산에서 선초仙草를 먹고 감로를 마시며 열 명의 무당에게 천지의 변화를 이해하는 지혜를 배우고 받아들였습니다. 그렇게 자라 인간의 형상을 갖추게 된 뒤 나는 비로소 세상으로 나왔지요.

아버지가 돌아가신 뒤, 인류는 잠시 신에게 버림을 받았습니다. 홍수에 시달리던 대지는 이번에는 식양 때문에 가뭄을 겪으며 온갖 요괴와 귀신이 판치는 곳이 되었습니다. 그중 하나가 상류였지요. 나는 큰 늪에서 그를 만났습니다. 상류는 아홉 개의 머리에 뱀의 몸을 가졌고, 아홉 머리로 아홉 산에 사는 동물을 한 번에 잡아먹을 수 있었습니다. 그의 꼬리가 닿는 곳마다 즉시 늪이 되었는데, 그 늪의 물은 맵고 쓰며 독이 있어 마시면 목숨을 잃었습니다. 상류 주변 백 리 안쪽에는 생명의 흔적조차 없었지요.

나는 상류를 처단했습니다. 그가 흘린 피는 매우 고약한 냄새를 풍겼고, 피가 흘러간 자리의 초목은 모두 시들어 죽었습니다. 그래서 나는 상류의 시체를 묻어버렸습니다. 세 번이나 묻었으나 그를 묻은 흙이 부식되기라도 한 듯 세 번 모두 땅이 푹 꺼졌습니다. 묻는 것으로 부족하다고 판단해, 나는 아예 땅을 파 커다란 연못을 만들었습니다. 그리고 파낸 흙을 연못 옆에 쌓아 남쪽 곤륜산을 향해 높은 누대를 만들었습니다. 그리고 송진과 장작에 불을 붙여 신에게 제사를 올렸지요.

나는 땅의 신에게 상류의 악기惡氣를 진압하게 해달라고 간청했고, 비의 신에게 소나기를 내려 사방의 악취를 씻어달라고 간청했습니다. 멀리서 연기가 피어오르는 것을 본 사람들이 누대 아래로 모여들었지요. 그들은 점토 석판에 내 이름을 '우禹'라고 새겼고, 이는 머리가 아홉 달린 괴물 뱀을 죽인 사람을 뜻했습니다. 그들이 '우雨'라고 외치는 소리가 들렸습니다. 그들은 아마 내가 비를 내릴 수 있는 사람이라고 생각했을 겁니다.

❖ 〈제왕도통만년도〉의 우

중국 신화 속 우는 아버지 곤이 실패한 치수를 맡아 물길을 다스린 인물이다. 그는 뛰어난 능력을 지닌 보좌관들을 데리고 온 나라를 살피며 백성들과 함께 강바닥을 파내 물길을 냈다고 전해진다.

대우의 독백②
떠나기로 결심하다

　사람들은 이곳이 서강西羌의 땅이라고 나에게 알려주었습니다. 그들은 홍수와 괴물 뱀 때문에 산꼭대기 동굴에 무리를 지어 살 수밖에 없었습니다. 이들은 먹이를 두고 야생 짐승과 늘 다투어야 했고, 남녀가 상대를 가리지 않고 관계를 맺어 아이의 아버지를 알 수도 없었으며, 짐승처럼 무질서하고 위태롭게 살아가고 있었습니다. 나는 무함이 말했던 인류의 타락과 야만, 음란을 떠올렸습니다. 무함의 말을 들을 당시에는 마음에 분노가 가득했지만, 이제는 인간을 향한 연민이 더 커졌습니다. 나는 그들 곁에 머물기로 결심했지요.

　나는 서강 사람들에게 근처에서 가장 높은 산으로 나를 데려가달라고 했습니다. 그리고 산에 있는 나무를 최대한 빠르게 베어 산 정상으로 통하는 길을 만들게 했지요. 그들은 평소에 산골짜기에 틀어박혀 있을 뿐, 산의 정상까지 올라가본 적이 없었습니다. 산 위의 안개 자욱한 곳은 신의 거처라고 생각했지요. 그들은 종종걸음으로 내 뒤를 따라왔습니다. 나는 힘겹게 위로 올라가면서 그들의 들뜬 마음과 불안감을 동시에 느낄 수 있었습니다.

우리는 며칠 밤낮을 이동해 산 정상에 도달했습니다. 마침 해가 뜨고 있었지요. 붉은 빛이 감도는 동쪽에서 샛별이 반짝였고, 짙푸른 하늘은 쾌청했습니다. 새소리도 들리지 않았고 짙은 청록색 산들 사이로 흰 구름만 떠다닐 뿐이었습니다. 내 뒤를 따르던 서강 사람들은 일순간 고요해졌지요. 우리는 살면서 영영 잊지 못할 아침노을을 함께 지켜보았습니다.

잠시 뒤, 한 노인이 나에게 말해주었습니다. 오래전에 어떤 이가 해가 뜰 무렵 뿔이 달린 거대한 짐승을 보았다는 것을 말이지요. 그 짐승은 산꼭대기에서 몸을 숙이고 아래쪽의 넘실대는 물을 마시다가 눈 깜짝할 사이 종적을 감추었는데, 해가 뜬 뒤 보니 산골짜기에 가득했던 물이 사라져 있었다고 했습니다. 나는 그가 말한 거대한 짐승이 바로 아버지 곤이었다는 사실을 알았습니다. 아버지가 홍수를 다스리며 느꼈을 외로움을 생각하자 마음이 괴로웠지요. 그때 내가 아버지와 함께할 수 있었다면 얼마나 좋았을까요?

해가 뜬 뒤 산 정상에 서니 땅의 형태를 또렷하게 알아볼 수 있었습니다. 발 아래쪽 계곡에는 세찬 물살이 흘렀고, 멀리 떨어진 벌판을 자세히 보면 구불구불한 검은 선이 보였습니다. 자세히 보니 그 선은 제방이었습니다. 제방은 산맥과 같은 방향으로 한쪽은 서쪽을, 다른

쪽은 동쪽을 향해 뻗어 있었고 그 끝이 보이지 않았습니다. 이 견고한 산과 흐르는 물이 대지를 여러 구역으로 나누었지요.

나는 서강 사람들에게 그들이 가본 가장 먼 곳이 어디인지 물었습니다. 그러나 한 곳에서만 살아온 그들에게 멀고 가까움의 개념은 막연하기만 했습니다. 그들은 마치 식물의 씨앗과 같았습니다. 바람에 날려 어딘가에 떨어지면 그곳에서 나고 자라다가 삶을 마감하는 씨앗 말이지요.

나는 먼 곳을 가리키며 나와 함께 산과 강, 대지를 누비고 싶은 이가 있는지 물었습니다. 침묵이 흐르는 가운데 말처럼 입이 크고 얼굴빛이 푸른 남자 한 사람이 일어서더니 그러고 싶다고 했습니다.

우리는 떠나기로 결심하고 다른 서강 사람들에게 작별 인사를 했습니다. 떠나기 전에는 처음으로 올랐던 산의 정상에 제단을 쌓았습니다. 그 높은 산이 바로 '악산岳山'이었습니다. 나는 사람들에게 악산이 대지에서 신과 가장 가까운 곳이라는 것을 알려주고, 신의 도움을 청하고 싶다면 정기적으로 그 산의 제단에 불을 피우고 제물을 바쳐 공양하라고 일렀습니다. 나는 신에게 기도하는 의식을 보여준 뒤 그들을 떠났습니다. 말처럼 입이 큰 남자가 내 뒤를 따랐습니다. 나는 그를 '요繇'라고 불렀습니다. 따른다는 의미를 담은 이름이었지요.

대우의 독백③
산을 지나며 길을 개척하다

　나의 계획은 산세와 물길을 따라 걸어가며 산길을 개척하는 것이었습니다. 인간은 새처럼 드넓은 하늘을 날 수도, 물고기처럼 물속을 자유롭게 누빌 수도 없었습니다. 오로지 길에 의지해 다른 곳으로 이동할 수 있었지요. 길이 있으면 방향이 생겨나고 모호한 삶의 진흙탕 속에서도 마땅히 갈 곳을 찾을 수 있을 것이었습니다. 악산 정상에서 나는 멀리까지 이어진 산과 강을 바라보며 이렇게 생각했지요.

　내가 요와 함께 길을 개척하며 나아가자, 사람들이 우리와 함께하기 시작했습니다. 산에 흩어져 살던 이들은 처음에는 멀리 숨어 우리를 지켜보기만 했습니다. 그러나 우리가 산속에서 길을 개척하며 빠르게 전진하고 있음을 눈치채고는 우리를 도우러 달려와 함께 통나무를 들어 올리고 가시덤불과 관목을 치우며 앞으로 나아갔지요. 합류하는 무리는 갈수록 많아졌습니다.

우리는 고요한 산에서 날마다 번개처럼 빠르게 전진했습니다. 그 떠들썩한 소리가 계곡 사이로 콸콸 흐르는 물소리를 압도할 정도였습니다. 나는 그들 모두에게 각각 이름을 지어 주었습니다. 그리고 요에게 명해 공동 생활에 필요한 간단한 규칙과 제도를 갖추게 했지요. 또한 각자의 능력과 특기에 따라 서로 다른 일을 맡겼습니다.

주변의 산세에 대해 잘 아는 노인에게는 안내자 역할을, 여자들에게는 불을 피우고 요리하는 역할을, 남자들은 두 조로 나누어 각각 길을 개척하고 사냥을 하는 역할을 맡겼습니다. 남자 두 조는 사흘마다 번갈아가며 역할을 바꾸었습니다. 그러다 사람이 많아지자 사냥해서 얻은 음식만으로는 식량이 부족해졌지요. 그럴 때면 내가 직접 나서 멧돼지나 사슴을 잡아왔습니다. 밤이 되면 우리는 모닥불 주변에 둘러앉아 노래를 불렀습니다.

나날이 길이 연장되었고 우리 일행은 신바람이 났습니다. 마치 이 땅에 등장한 인류의 영혼이 희망을 가지고 앞으로 나아간 첫 사건인 듯했습니다. 이 희망은 내가 그들에게 강요한 것이 아닙니다. 오히려 나는 그들에게 홍수를 다스릴 것이라는 거대한 과업에 대해서는 전혀 언급하지 않았습니다. 그런 큰 목표가 그들을 놀라게 할까 걱정되었기 때문이지요. 내가 생각하기에 그들에게 희망이란 무엇보다 다가올 미래에 대한 기대감이었습니다. 그들의 눈앞에는 날마다 새로운 길과 풍경이 나타날 것이었지요. 나는 심지어 내가 사람들을 이끌고 신에게 가는 길을 개척하고 있다고 느꼈습니다.

나는 우리가 처음 출발한 곳을 '악산'이라 불렀습니다. 그곳은 훗날 견산汧山(지금의 산시陝西성 룽현隴縣 경내)이라고 불렸지요. 우리는 위수渭水 북쪽 기슭에서 동쪽으로 향하다가 기산岐山에 이르렀습니다. 훗날 주周나라가 세력을 키운 곳이지요. 『시경詩經』에서 노래하길, '주나라 들판은 비옥하여 씀바귀도 엿처럼 달다네周原膴膴, 菫荼如飴'라고 했습니다. 그러나 우리가 산길을 개척할 때만 해도, 훗날 위대한 왕조가 탄생할 그 평야는 홍수 때문에 황폐해져 있었습니다.

기산에서 형산荊山을 지나 더 나아가자, 서쪽에서 동쪽으로 이어진 산맥이 북쪽에서 남쪽으로 흐르는 큰 강과 갑자기 맞닥뜨렸습니다. 마치 하늘에서 떨어진 듯한 이 강은 양쪽 기슭의 바위 때문에 강바닥 폭이 수백 미터에서 수십 미터로 줄어들었습니다. 원래 물살이 매우 세찼는데 갑자기 산맥에 의해 가로막히자 하늘에 닿을 듯 거대한 물결이 일었습니다. 되돌아 흐를 수밖에 없게 된 강의 물살은 사방으로 넘쳐 흘렀습니다. 이 큰 강이 바로 황하이며, 우리가 길에서 본 홍수는 바로 황하가 바다로 흘러가는 도중에 끊임없이 방해를 받아 범람한 결과였습니다. 나는 이것을 훗날에야 비로소 깨달았지요. 당시에는 대륙 전체의 지리를 전혀 파악하지 못했기 때문에 모든 것을 기록으로 남기며 사람들을 이끌고 계속 앞으로 나아갈 수밖에 없었습니다.

황하를 가로막은 용문산龍門山을 따라 우리는 뇌수산雷首山으로 갔습니다. 이곳은 일찍이 나의 조상인 황제가 구리를 채굴해 세 발 달린 솥 '정鼎'을 주조한 곳이었습니다. 우리는 뇌수산을 지나 산맥 끝까지 간 뒤 북동쪽을 향해 산서山西의 태악太嶽 산맥에 이르렀습니다. 다음

❖ 우의 치수 이야기를 담은 옥 조각

밀도가 높고 단단한 청옥靑玉으로 만든 조각으로, 전체 높이는 224센티미터, 무게는 5톤에 달한다. 첩첩이 쌓인 산맥과 나무, 폭포, 깊고 신비한 동굴 등을 정교하게 표현했다. 절벽에는 무리를 이룬 일꾼들이 산을 깎으며 치수 작업을 하는 것이 보인다. 청나라 때 작품으로 하나라를 세운 우가 물을 다스린 전설을 자세히 담고 있다.

으로는 남쪽으로 향했지요. 지주산砥柱山을 따라 동쪽으로 석성산析城山을 지났고, 황하 북쪽 기슭을 따라 곧장 왕옥산王屋山에 이르렀습니다. 그런 다음에 태항太行 산맥을 따라 계속 동쪽으로 가면서 항산恒山을 지났고, 연산燕山 산맥의 끝자락을 따라 발해渤海 연안의 갈석산碣石山에 이르렀습니다.

그곳에서 우리는 마침내 바다를 보았습니다. 바다는 우리가 지금껏 보아온 생기 없는 누런 강물과 달리 한없이 푸르렀습니다. 나는 바닷물이 육지로 흘러들었다가 되돌아가며 연해 지역을 광활한 수렁의 무인 지대로 만드는 광경을 목도했습니다. 그것은 지금까지 보지 못했던 놀라운 풍경이었지요.

대우의 독백④
하나라를 세우다

신의 계시처럼, 나는 짧은 생을 살아가는 인간들을 이끌고 내륙 깊숙한 곳부터 바다까지 이르는 먼 길을 열었습니다. 이동하며 보았던 황하처럼 새로운 무리가 끊임없이 합류해 들어오고 빠져나갔습니다. 나는 높은 산에 가로막힌 강물을 보았습니다. 그 강물은 순간의 울부짖음과 사나움 속에 만들어진 아득한 물줄기로, 나아갈 길을 상실한 절망에서 비롯된 것이었지요. 강은 쉼 없이 이리저리 흐르며 빠져나갈 방향을 찾았습니다. 하류로 갈수록 더 잔잔하고 넓어졌는데, 아마 희망이 보였기 때문이었겠지요.

사람에게도 희망이 필요합니다. 여기까지 오는 동안 나는 짐승과 다를 바 없고 두려움과 방탕 속에 미개하게 살아가던 이들이 점차 새로운 존재가 되어가는 모습을 보았습니다. 희망이 그들을 바꾼 것입니다. 희망은 그들이 스스로 해낸 일의 의미를 발견하게 해주었습니다. 길이 어떻게 만들어지고 그 길이 어떻게 점점 미지의 가능성을 향해 뻗어 나가는지 보여주고, 이 먼 곳까지 와서 바다를 눈앞에서 직접 보게 해준 것이 바로 한 줄기 '희망'이었지요.

그래서 어떻게 되었느냐고요? 여전히 대지에서는 홍수로 강물이 범람했습니다. 길을 개척하는 것만으로는 충분하지 않았지요. 이 과정에서 나는 물을 다스리는 것이 사람을 다스리는 것과 마찬가지로 끝없는 노력과 희망을 통해 이루어진다는 사실을 어렴풋이 알아챘습니다. 지금까지 해왔던 것만으로는 충분하지 않았지요. 게다가 이렇게 계속 길을 내고 전진하는 것은 불가능했습니다. 나는 가능할지라도 인간에게는 그럴 힘이 없었습니다. 그들을 위해서는 새로운 희망이 필요했지요. 길과는 다른 의미의 희망, 보다 안정적이고 든든한 희망이 필요했습니다.

나는 강의 근원을 찾고자 했습니다. 강물이 어디로 흐르는지 이미 알고 있었으나, 어디에서 오는지는 알 수 없었습니다. 강물의 근원지를 찾으면 강을 길들여 물은 물로, 흙은 흙으로 돌아가게 할 수 있을 듯했지요. 더불어 나는 사람들에게도 근본과 근원을 가르쳐주고 싶었습니다. 그렇게 고민하던 끝에, 나는 이 땅에 나라를 세워야겠다는 결론에 도달했습니다.

영원한 희망을 낳을 수 있는 장소, 그곳에 나라를 세우고 나는 '하夏'라고 이름 지었습니다. 이 글자의 형태는 두 손과 두 발로 일하는 사람의 모습을 취한 것이었습니다. 발음되는 소리는 '아래 하下'와 같은데, 천상의 나라가 하늘 아래 대지에 투영된 것임을 의미했습니다.

사람들은 모두 나를 신으로 여기고 복종했습니다. 남자와 여자, 노인과 아이, 누구 할 것 없이 말이지요. 그들은 나라가 생겼다는 소식에 뛸 듯이 기뻐했습니다. 나는 그들에게 근면과 공경의 미덕을 건넸으며 모든 일에 모범이 되고 솔선수범하며 살아가라고 가르쳤습니다. 또 소박하게 입고 먹을 것을 권하고, 진심을 다해 신을 섬기도록 가르쳤지요. 남자와 여자 사이의 일은 서로의 사랑을 우선시해 만약 한쪽이 더 이상 원하지 않으면 얽매이지 않고 헤어질 수 있도록 했습니다. 자녀가 있으면 나라의 현명한 연장자에게 맡겨 공동으로 돌보고 교육하게 했지요.

더불어 나는 막사 바깥에 종과 북, 경쇠와 방울, 땡땡이 북을 걸어놓고 사방의 인재를 기다렸습니다. 나에게 의로움을 가르치려는 자는 종을 치고, 이치를 가르치려는 자는 북을 치며, 논의할 것이 있는 자는 방울을 흔들고, 근심을 말하려는 자는 경쇠를 치며, 억울한 일이 있는 자는 땡땡이 북을 흔들라고 말입니다.

하나라를 세운 곳은 큰물이 출렁거리는 탓에 평안히 살며 즐겁게 일할 곳이 못 되었습니다. 나는 최초의 하나라 민족夏族을 이끌고 그간 개척한 산길을 따라 되돌아갔습니다. 그렇게 숭산嵩山 양성陽城 지역에 이르자 산을 등지고 물을 마주한 큰 언덕이 보였지요. 평평한 고지대인 그곳에서 하족을 멈춰 세웠습니다. 그리고 홍수를 다스리기 위해 강물의 근원을 탐색하러 떠나고자 하는 내 뜻을 밝혔지요.

"원하는 사람들은 계속해서 나와 함께 이동해도 좋지만, 더 이상 사

❖ 『제감도설帝鑑圖說』의 「게기구언揭器求言」

18세기 청나라 초에 그려진 『제감도설』의 「게기구언」에 나오는 장면이다. 대우가 종, 북, 방울, 경쇠, 땡땡이 북을 걸어놓고 간언을 할 사람을 기다렸던 이야기를 담고 있다. 『제감 도설』은 명나라 관료 장거정張居正이 편찬한 책으로, 당시 10살이던 어린 황제 신종을 위한 교재였다. 교훈을 주는 짧은 이야기들로 구성되어 있으며, 이야기마다 삽화가 곁들여져 있다. 상편 「성철방규聖哲芳規」에서는 힘을 다해 나라를 다스린 역대 제왕의 모범 사례를, 하편 「광우복철狂愚覆轍」에서는 도리에 역행한 역대 제왕의 과오를 서술했다.

❖ **고요의 초상**

고요는 중국 최초의 법관으로 여겨지는 인물이다. 고요가 세상의 법을 다스리고 행한 이후로 사회가 화합하고 천하가 안정되었다고 한다.

❖ **옳고 그름을 가리는 해치**

해치는 중국 고대 전설에 등장하는, 시비와 선악을 가릴 줄 아는 공명정대한 동물이다. 고요는 해치를 데리고 다니며 판단하기 어려운 일이 있을 때 도움을 받았다고 한다. 옛 중국 사람들은 해치를 정의의 상징으로 여겼다.

방으로 떠돌고 싶지 않은 이들, 특히 여성과 어린이, 노약자는 이곳에 정착해도 좋습니다. 나는 홍수를 다스리고 돌아오겠습니다."

나는 법에 정통한 고요皐陶를 남겨 사람들을 다스리게 했습니다. 또한 농사에 정통한 직稷을 남겨 백성들에게 곡식을 재배하는 법과 계단밭과 집 짓는 법을 가르치도록 했지요. 그렇게 하면 홍수가 닥치더라도 재빨리 산 위로 철수할 수 있고, 입고 먹는 걱정은 하지 않을 것이었습니다. 이 모든 일을 당부한 뒤, 나는 늘 곁에서 따르던 요와 건장하고 힘센 장정 몇 사람을 데리고 강을 거슬러 올라갔습니다.

대우의 독백⑤
물을 다스리고 땅을 구획하다

　그러나 우리 일행은 강의 근원까지 도달하지 못했습니다. 우리는 청해青海의 적석산積石山에서 멈추었습니다. 이 산에서 바위 사이로 졸졸 에돌아 흐르는 시냇물을 발견했지요. 눈부시게 빛나는 이 산에는 금과 은, 동과 철 등 광물과 기이한 꽃, 과일이 풍부했습니다. 당시 우리는 강물이 바로 이 산에서 솟아난다고 여겼습니다. 게다가 동쪽에서 서쪽으로 갈수록 지형은 점점 험준해졌으며, 관찰한 바에 따르면 이곳의 물줄기가 매우 가늘고 잔잔해 더 이상 홍수를 일으킬 위험이 없었지요. 계속 앞으로 나아가는 것은 무의미한 듯했습니다.

　우리는 적석산을 잠시 관찰하고 다시 강을 따라 내려갔습니다. 오랜 시간 산맥과 강줄기를 따르다 보니 많은 것을 알게 되었습니다. 이 강의 수많은 지류와 구불구불한 물줄기, 계절의 변화에 따른 갈수기와 범람의 시기까지 말이지요. 지금까지 정비된 적 없이 자연스럽게 형성된 강바닥은 오로지 흐르는 물과 모래에 의해 깊어졌다가 얕아졌고, 좁아졌다가 넓어졌습니다. 우리가 해야 할 일은 바로 흙과 모래가 침적된 중류의 강바닥을 준설하는 것이었지요.

나는 사람들을 이끌고 강바닥에 쌓인 흙과 모래를 파내 물길을 넓고 깊게 만든 뒤, 준설한 흙으로 높은 제방을 쌓았습니다. 이로써 강물이 정해진 물길을 따라 흐르게 되었지요. 또한 저수지 역할을 하는 호수를 만들고, 주변의 움푹한 지대를 메우고 평평하게 다져 사람들이 거주하며 농사를 지을 수 있는 땅으로 만들었지요.

오랜 시간이 지나고 우리는 용문龍門이라는 지역에 도달했습니다. 그곳은 강물이 가장 많이 범람하는 곳이었습니다. 나는 전부터 홍수를 다스리기 위해서는 물을 가로막는 산을 뚫어야 한다고 생각해왔습니다. 산을 뚫어 강물이 흘러가게 해야 물이 역류하지 않고, 그래야 물난리를 다스릴 수 있다고 믿었지요. 그러나 산을 뚫는 일은 강을 준설하고 제방을 쌓는 것처럼 여러 사람의 힘을 모은다고 해서 되는 일이 아니었습니다. 인간의 힘을 넘어서는 것이었지요. 나의 신적인 힘까지 모두 동원해야 했습니다.

그때 내 머리에 떠오른 것은 아버지 곤이었습니다. 그는 사람들의 도움 없이 오로지 자신의 신력으로만 홍수를 다스리려다가 결국 실패하고 돌아가셨습니다. 나는 사람의 내면으로 들어가야 한다는 무함의 가르침을 늘 마음에 품고 있었습니다. 홍수를 다스리는 것과 사람을 다스리는 것은 매한가지 일이었지요. 그렇기 때문에 나는 홍수를 다

드디어 만나는 중국 신화

등용문이라는 이름의 유래

오늘날 등용문登龍門은 출세의 관문이라는 뜻으로 널리 쓰입니다. 이는 중국의 실제 지명 용문에서 비롯되었습니다. 용문은 황하 중류의 협곡 지대로, 험준한 절벽 사이로 강물이 좁고 거세게 흐르는 곳입니다. 고대 중국에서는 이곳을 홍수가 자주 발생하는 위험한 지역으로 인식했습니다.

이 지명에는 용문을 뛰어넘는 잉어의 이야기가 얽혀 있습니다. 중국의 옛이야기에 따르면, 황하를 거슬러 올라가던 잉어가 거센 물살을 이겨내고 용문을 뛰어넘는 데 성공하면 용으로 변했다고 합니다. 이는 『후한서後漢書』 등 후대 문헌에서 반복적으로 인용되며, 어려운 관문을 통과하면 신분과 존재가 완전히 달라진다는 이야기로 자리 잡았습니다.

등용문 이야기는 시간이 흐르며 사회적 의미로 확장되었습니다. 특히 과거 제도가 발달한 중국에서 용문은 과거 시험에 합격해 관료가 되는 결정적 관문을 비유하는 말로 사용되었습니다. '용문에 오른다'는 표현은 평범한 신분에서 벗어나 국가의 인재로 인정받는 것을 뜻하게 되었지요.

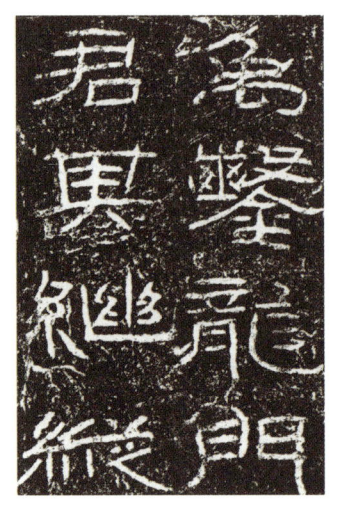

❖ 〈석문송石門頌〉 마애석각

유명한 한나라 석각 중 하나로, 후한 시기 예서隸書
(전서의 번잡함을 생략해 만든 간단한 한자 서체)를 잘 보
여주는 귀중한 자료다. '우착용문禹鑿龍門'이라는 구
절(오른쪽)은 우가 홍수를 다스리며 용문을 개착한
것을 뜻한다. 작가[30]는 이 석각에서 석문을 개착한
한나라 양맹문楊孟文이 우의 행적을 계승했다며 그
의 행적을 칭찬하고 있다.

스리기 전에 먼저 하족을 일으켜 세웠습니다. 의지할 곳 없이 뿔뿔이
흩어져 있던 이들을 한데 모아 그들에게 희망을 주었고, 그것으로 치
수의 기본은 일단 마무리한 셈입니다.

이제부터는 초자연적인 힘을 써야 했습니다. 나는 문득 두려워졌습
니다. 그러나 신과 스승들이 부디 나를 용서하길 바라며 일에 착수했
지요. 나는 신령한 거대한 황색 곰으로 변해 강 양쪽 기슭에 두 발을
딛고 단단한 암벽을 손바닥으로 조금씩 부수었습니다. 강 위에 놓인
커다란 산을 둘로 쪼개자, 마치 깊은 단지에 물을 붓듯 쪼개진 산의
절벽 사이로 강물이 세차게 쏟아졌습니다. 훗날 사람들은 서쪽 기슭
의 산을 용문, 동쪽 기슭의 산을 호구壺口라고 불렀습니다.

---

30 한나라 때의 한중태수漢中太守 왕승王昇을 말한다.

그날 밤, 나는 물을 헤치며 쪼개진 산으로 들어갔습니다. 왼쪽 산 절벽 옆으로 구불구불하고 깊은 협곡이 있었는데, 그 끝에서 희미한 빛이 새어나왔습니다. 나는 그곳을 살피고자 횃불을 들고 앞으로 나아갔습니다. 내가 협곡 안으로 들어가자 갑자기 멧돼지 한 마리가 근처 풀숲에서 튀어나오더니 커다란 야광주(어둠 속에서 빛나는 옥색 구슬)를 입에 물고 사방을 밝게 비추었으며, 커다란 청회색 개가 앞에서 짖어대며 길을 안내했습니다. 나는 이곳에 신성한 존재가 있음을 즉시 알아차렸지요.

나는 협곡에서 10리 정도 앞으로 나아갔습니다. 야광주의 빛 때문에 밤낮도 구분하지 못할 정도였지요. 이때 나를 안내한 멧돼지와 큰 개가 별안간 검은 옷을 입은 사람으로 변했습니다. 그리고 앞쪽 바위에 뱀의 몸과 사람의 얼굴을 한 신이 앉아 있는 모습이 보였지요. 그 뒤에는 여덟 명의 수행원이 옷소매를 펄럭이며 좌우로 나뉘어 서 있었습니다. 나는 마음속으로 한 사람을 떠올리며 앞으로 나아가 절하며 물었습니다.

"화서華胥가 성스러운 아들을 낳았다는 소식을 들었는데, 혹시 당신입니까?"

뱀의 몸에 사람 얼굴을 한 그가 고개를 끄덕이며 답했습니다.

"화서는 구하신녀九河神女라고도 불리오. 내가 그분의 아들이오."

나는 그가 바로 복희라는 사실을 알았습니다. 그는 나를 가까이 부르더니 천하의 산과 강의 방향이 표시된 한 폭의 지도를 건넸습니다. 또한 옥 조각을 엮어 만든 1척 2촌 길이의 문서도 건네주었는데,

12시진時辰에 부합하는 그것으로 천지를 측량할 수 있었지요. 복희가 내게 그것을 건넨 것은 천제가 내가 행한 모든 일을 보고 승인한다는 뜻임을 바로 알 수 있었습니다.

나는 복희에게 받은 지도로 북쪽의 큰 강인 황하 외에 남쪽에도 장강이라는 큰 강이 있음을 알았습니다. 중국 대륙의 산천은 황하와 장

❖ 〈우적도禹跡圖〉

우는 홍수를 다스리며 세상을 아홉 개의 주, 구주로 나누었다. 이 지도는 12세기경 만들어진 비석에 새겨진 중국 지도의 탁본을 나타낸 것이다. 500개 이상의 지명이 표시되어 있고, 80개에 달하는 하천의 이름을 포함하고 있다. 특히 황하와 장강은 오늘날 지도에 표현된 것과 매우 유사하고, 해안선도 정확하다. 송나라의 지도 제작 기술을 보여주는 훌륭한 예시로, 중국 지도 제작의 역사에서 중요한 지위를 차지하는 유산이다.

드디어 만나는 중국 신화

강을 기준으로 북쪽과 남쪽의 두 갈래로 나눌 수 있지요. 북쪽 갈래는 삼위산三危山과 적석산에서 시작해 종남終南 산맥의 북쪽을 따라 동쪽으로 태화산太華山에 이르고, 강을 건너 뇌수산과 석성산, 왕옥산王屋山, 태항산太行山으로 이어집니다. 그런 뒤 북쪽의 항산恒山에 이르고 동쪽 변방과 한반도에 이르지요. 이 길은 대부분 내가 이전에 가본 곳이었습니다.

남쪽 갈래는 민산岷山과 파총嶓冢에서 시작해 산맥 남쪽을 따라 동쪽으로 태화산에 이르고, 이어 상산商山과 웅이산熊耳山, 외방산外方山, 동백산桐柏山에 이릅니다. 다음으로 배미산陪尾山에서 남쪽으로 한수漢水를 건너 무당산武當山과 형산荊山으로 이어지고, 형양衡陽에 이르지요. 그런 다음 동쪽으로 오령五岭을 따라 복건福建 일대에 이릅니다. 이 남쪽 갈래는 내가 가보지 못한 곳이었습니다.

산의 흐름과 물의 흐름이 모두 어우러져 땅의 흐름을 만들어냅니다. 말하자면 중국 대륙의 강산은 서쪽에서 동쪽으로 향하고, 북쪽에서 남쪽으로 향합니다.

황하와 장강 외에도 북쪽에는 위수渭水와 낙수洛水가 있는데, 이 두 강은 흐르다가 황하에 합류하지요. 중간에는 제수濟水와 회수淮水가 있는데, 이 강들은 바다로 흘러 들어갑니다. 남쪽의 한수漢水는 흐르다가 장강에 합류하지요. 이 일곱 갈래의 강을 차례로 다스리면 홍수를 영영 잠재울 수 있을 것이었습니다. 결코 쉽지 않은 임무였지요. 하지만 복희를 만난 뒤로 가장 어려운 시기는 이미 지나갔다는 생각에 용기가 차올랐습니다.

❖ 〈**건륭남순도乾隆南巡圖**〉 제4권(일부)

〈건륭남순도〉는 청나라 황제 건륭제가 처음으로 남방을 순행하는 장면을 묘사한 그림으로 총 12권으로 구성되어 있다. 그중 제4권은 건륭제가 황하를 건넌 뒤 황하, 회하淮河, 운하運河, 홍택호洪澤湖가 합류하는 지점의 험난한 공사를 시찰하는 장면을 담고 있다. 당시 황하와 회화가 교류하는 자연 현상과 회하 제방을 묘사한 이 작품은 황하가 회하 어귀에서 바다로 유입되었던 것이 사실임을 보여준다.

위 그림에 보이는 회하의 물은 청색, 황하의 물은 황색이다. 건륭제는 황하와 회하가 교류하는 기이한 광경을 손으로 가리키며 관리에게 궁금한 것을 묻고 있다. 아래 그림에는 회하 제방의 수구水口가 닫히는 모습이 묘사되어 있는데, 제방 위에 쌓여 있는 것은 제방의 갈라진 틈을 막는 데 사용했던 갈대 더미다.

대우의 독백⑥
도산씨를 만나 부부의 연을 맺다

산을 헤매고 물길을 다스리는 것은 힘든 일이었지만, 온갖 신들이 나를 도와주었습니다.

그중 하나가 염제의 딸이자 온갖 기이한 신통력을 지닌 요희였습니다. 나는 어린 시절 영산에서 그녀를 만난 적이 있습니다. 나중에 그녀는 동쪽 바다 여행을 마치고 돌아오는 길에 무산을 지나다가 깎아지른 듯한 절벽과 깊숙한 산림의 아름다운 풍경에 반해 그곳에 머물렀지요. 당시 나는 삼협三峽을 뚫고자 했는데, 너무나 거대한 작업이라 막막하기만 했습니다. 그때 갑자기 광풍이 몰아치더니 절벽이 흔들렸고 돌덩이가 날아다니다가 떨어졌습니다. 나는 근처에 요희가 머무른다는 말을 듣고 조언을 구하러 갔지요.

요희는 어릴 적 친구인 나를 보고 몹시 기뻐했습니다. 우리는 나란

드디어 만나는 중국 신화

히 앉아 하루 종일 회포를 풀었지요. 나는 그녀에게 내가 인간 세상에서 보냈던 지난 몇 년간의 일들을 말해주었습니다. 그녀는 신선에게 배운 특별한 도법을 나에게 가르쳐주었습니다. 독특한 호흡을 통해 신령한 기운과 하나가 되고 만물로 변화하며 정기를 단련해 날아오를 수 있는 이치를 배운 것이지요. 또한 바람을 막고 물을 다스릴 수 있는 책도 주었습니다.

더불어 요희는 광장狂章, 우여虞余, 황마黃魔, 대예大翳, 경진庚辰, 동률童律 등 여러 신을 보내 내 치수 작업을 돕게 했습니다. 요희는 나에게 그들을 데리고 치수를 마친 다음 곤륜산으로 오라고 했지만, 나는 내가 이미 평범한 인간과 같으며 곤륜산에는 내가 머무를 자리가 없다고 겸손하게 거절했습니다. 내 말뜻을 이해한 요희는 더 이상 아무런 말이 없었습니다.

그녀가 보내준 신들은 정말 큰 도움이 되어주었습니다. 회수를 다스릴 때, 나는 회수의 발원지인 동백산을 세 번이나 찾아갔습니다. 그곳은 마치 요괴들의 사악한 기운이 퍼진 곳처럼 세찬 바람이 불고 천둥이 치며 바위와 나무가 울부짖는 탓에 치수 작업을 하기가 어려웠습니다. 나는 땅의 신과 산의 신을 만나고 기룡夔龍을 소환했습니다. 그제야 회수 깊은 곳에 숨어 있는 '무지기無支祁'라는 요괴를 발견할 수 있었지요. 그는 원숭이처럼 생겼는데 높은 이마와 납작한 코, 황금빛 눈과 새하얀 이빨, 하얀 머리와 푸른 몸통을 가지고 있었습니다. 목은 길게 늘일 수 있었으며, 안개를 삼키고 내뱉었습니다. 거대한 코끼리처럼 힘이 강하고 날렵한 데다가 사람의 말까지 유창하게 하는 괴물이었지요.

나는 동률을 보내 놈을 사로잡게 했으나 실패했습니다. 다음으로는 오목유烏木由를 보냈으나 역시 소용이 없었지요. 마지막으로 경진이 나서 비로소 놈을 제압할 수 있었습니다. 경진은 무지기의 목에 커다란 자물쇠를 채우고 콧구멍에 황금 방울을 달아 회음淮陰 귀산龜山 아래에 가두었습니다. 그제서야 회수가 잠잠해져 바다로 평화롭게 흘러들어갔지요.

이렇게 물길을 다스리다 보니 어느새 나는 서른 살이 되었습니다. 주변에서 모두가 아내를 얻어 자리를 잡아야 한다고 조언을 건넸지요. 사실 홍수를 다스리러 이곳저곳 돌아다니며 많은 여인을 만났습니다. 모두 상냥하고 친절하고 아름다웠지만, 내 마음에 진정 들어온 것은 오직 물을 다스리는 일뿐이었습니다. 마치 물이 나의 연인 같았지요. 나는 물의 기쁨과 노여움, 슬픔과 즐거움, 우아함과 난폭함, 자유분방함을 잘 알고 있었습니다. 천하의 강물이 서서히 모여들어 바다로 이어지는 것을 보면 마음이 평온해졌습니다. 그토록 많은 물이 바다로 몰려가도 바다는 넘치지 않았습니다. 하지만 그토록 많은 여인을 만난 내 마음에는 왜 잔잔한 파도조차 일지 않았던 것일까요?

그러나 나도 마침내 운명의 짝을 만났습니다. 남쪽의 어떤 산에서 한 여인을 만난 것이지요. 그날 나는 홀로 물길을 살피다가 길을 잃어 꼬박 50리를 걸었습니다. 울창한 숲길을 지나는데, 갑자기 내 앞에 들장미 한 송기가 떨어졌지요. 그 꽃은 순결하고 향기롭고 아름다웠습니다. 꽃을 보는 순간 중요한 여인을 만나게 될 것이라는 직감이 왔습니다. 인간과 신에 대한 나의 끈질긴 물음을 이해하는 여인, 두루 돌아다니면서 원하던 것을 모두 이루지 못한 나의 당혹스러운 마음까지 받아들일 수 있는 여인 말입니다.

들장미를 보고 황홀경에 빠져 걸어가던 나는 연보라색 국화 꽃밭에서 날개를 펄럭이며 훨훨 날아가는 커다란 노란 나비 한 마리를 보았습니다. 그 순간 갑자기 환각에 빠진 것 같았지요. 그녀가 바로 내 앞에 서 있었습니다. 나는 그녀에게 이끌려 깊은 산으로 들어갔고, 반딧불이가 반짝거리며 우리를 따라왔습니다.

나는 그녀와 함께 꼬박 나흘을 보냈습니다. 오랜 시간 산을 타고 물길을 내며 고생한 끝에 맛보는 더없는 즐거움이었지요. 며칠이 지난 뒤, 나는 그녀를 데리고 산에서 나왔습니다. 그리고 동족을 찾아가 내가 혼인한 사실을 알렸지요. 그들은 그녀의 성씨를 물었습니다. 그녀에게 깜빡 잊고 우리가 만났던 산의 이름을 묻지 못했기에, 나는 그저 도산塗山이라고만 답했지요. '도塗'는 길을 뜻하는데, 그녀는 바로 내 미로 속의 길이었습니다.

하지만 아직도 치수 작업은 끝나지 않았습니다. 나는 홀로 남게 된 그녀를 달랜 뒤 여정을 이어갔습니다. 그녀를 두고 떠나니 그리움은 이루 말할 수 없이 커졌지요.

열 달이 지난 뒤, 나는 그녀가 아들을 낳았다는 사실을 전해 들었습니다. 그녀의 부탁을 받은 전령이 '당신을 기다리고 있어요'라는 글자가 새겨진 돌을 가져왔지요.

나는 아직 얼굴도 보지 못한 우리의 아들에게 '계啓'라는 이름을 지

어주었습니다. 새벽에 동쪽 하늘에서 보이는 샛별에서 따온 이름이었

지요.[31] 내가 남쪽 산에서 도산씨를 만났던 것이 바로 그 별이 떠오르

던 무렵이었습니다.

---

31 샛별을 이르는 다른 말은 '계명啓明'이다.

드디어 만나는 중국 신화

❖ 〈제왕도통만년도〉의 계

우는 부인 도산씨와의 사이에서 아들 계를 낳았고, 훗날 그에게 하나라 왕위를 물려주었다.
계는 우와 함께 신화 시대와 역사 시대를 잇는 중요한 인물로 여겨진다. 계의 왕위 계승은
중국 역사에서 왕위가 선양 제도에서 세습 제도로 변화하는 결정적인 계기가 되었다.

대우의 독백⑦ 신화가 끝나고 인간의 역사가 시작되다

애초에 나는 천제의 뜻과 신들의 도움으로 조만간 치수 작업을 완수할 수 있다고 믿었습니다. 그러면 아버지의 소원도 이루어지고, 나는 집으로 돌아가 도산씨와 함께할 수 있을 것이었지요. 하지만 이후에 벌어진 일들은 모두 내 예상을 벗어났습니다.

첫 번째로, 삼묘三苗가 난을 일으켰습니다. 삼묘는 남쪽 형산衡山과 북쪽 기산岐山 사이, 서쪽 동정호와 동쪽 팽택彭澤32 사이에 사는 이들입니다. 그들은 예로부터 무술巫術에 조예가 깊었습니다. 내가 물을 다스리고 길을 내는 일은 장기적으로는 강 유역 백성들에게 도움이 되는 일이었지만 단기적으로는 삼묘 부족의 이익을 해치는 일이었습

32　오늘날 중국의 최대 담수호인 파양호鄱陽湖를 가리킨다.

　　　　　　　　드디어 만나는 중국 신화

니다. 새로운 길이 개척되자 원래는 외부와 단절되어 자급자족하던 지역에 갑자기 많은 이방인이 몰려들었으니 말입니다.

특히 호수와 강 사이에 수로가 만들어지며 동정호와 팽택의 수위가 갑자기 상승해 많은 마을이 물에 잠겼습니다. 여기에 언어의 장벽까지 더해져, 내가 파견한 하족 몇몇이 삼묘 부족에게 죽임을 당하는 일이 발생했습니다. 그 무렵은 한여름이었는데 물이 얼었고, 땅이 갈라졌으며, 해가 졌다가 다시 솟아올랐고, 낮이 밤처럼 컴컴해졌고, 피 같은 붉은 비가 사흘 밤낮으로 내렸습니다. 조상과 신을 모시고 제사를 올리는 사당에는 광폭한 용의 문양이 나타났고, 개가 저잣거리에서 울부짖었으며, 밭의 오곡은 모두 씨를 맺지 못하고 시들었습니다. 결국 천제가 나를 현궁玄宮으로 불러 옥 부절符節(신분을 증명하는 물건)을 건네며 인간과 신을 이끌고 삼묘를 정벌하라고 명했습니다.

이것이 내가 일으킨 첫 번째 전쟁이었습니다. 일전에 상류나 무지기를 상대로 치렀던 전투와는 차원이 달랐지요. 그런 요괴나 괴수와의 전투는 인류를 지키기 위해 절대악에 맞서 싸운다는 신념으로 임할 수 있었지요. 그러나 삼묘는 달랐습니다. 그들은 괴물이 아니었습니다. 하족과 똑같은 육신을 지닌 사람일 뿐이었지요. 비슷한 인간이 서로를 공격하고 죽이는 광경은 설령 내가 받들고 있는 것이 천제의 뜻이라 해도 눈 뜨고 지켜보기 힘들 정도였습니다. 처음으로 절대적인 선과 정의가 무엇인지 고심하게 되었지요. 내게 주어진 임무에도 회의감을 느꼈습니다. 하지만 상황이 이렇게 된 이상, 나는 싸움을 계속할 수밖에 없었습니다.

❖ 사수로정泗水撈鼎 화상전

1985년에 허난성 난양시南陽市 신예현新野縣 판지향樊集鄉 24호 한나라 무덤에서 출토되었다. 전설에 따르면 우가 주조한 구정九鼎(아홉 개의 정)은 하나라, 상나라, 주나라로 전해졌다. 세 왕조를 거친 구정은 아마 전쟁 때 사수泗水에 빠졌을 것이다. 이후 천하를 통일한 진시황이 순행길에 팽성彭城을 지나가다 수천 명의 인부를 보내 사수에서 정을 건지게 했으나 결국 건지지 못했다고 전해진다. 이 화상전에는 진시황이 사수에서 정을 건지라 명했던 이야기가 묘사되어 있는데, 특히 입체감이 도드라진다.

전쟁은 강한 전염병과 같아 일단 발생하면 빠르게 번지게 됩니다. 한바탕 살육이 자행된 뒤에는 또 다른 살육이 찾아오기 마련이지요. 나는 피와 철의 힘, 즉 우리 민족을 이끌고 무기로 삼묘를 평정한 뒤에 유호씨有扈氏와 방풍씨防風氏를 상대로 다시 전쟁을 일으켜야 했습니다. 신의 뜻이라는 명분 때문이었지요. 연이은 전쟁에서 승리를 거두었지만, 그 과정에서 나는 너무 지치고 늙었습니다.

여러 번의 전쟁이 끝나고, 물난리도 드디어 진정이 되었습니다. 주변 사람들이 나를 왕으로 추대하기 시작했습니다. 나는 그들에게 명해 온 세상의 금속을 모으게 했습니다. 일찍이 강과 산을 뚫는 데 쓰이고, 사람을 베고 해치는 데 쓰였던 쇠붙이들을 말이지요. 나는 황제가 했던 일을 본떠, 금속을 모두 형산에 모으도록 했습니다. 그리고

드디어 만나는 중국 신화

그 쇳덩이들을 뜨거운 불에 녹여 진한 쇳물을 만들고, 아홉 개의 거대한 정鼎으로 주조했습니다. 이 정은 매우 크고 무거워 9만 명이 모여야 겨우 하나를 옮길 수 있을 정도였지요.

나는 수년간 치수 작업을 하며 구주의 온갖 나라에서 본 기이한 사람과 신비로운 일들, 그리고 무수한 밤을 보내며 얻은 별에 대한 지식을 아홉 개의 정에 모두 새기도록 지시했습니다. 내가 잊은 것들은 요가 상기시켜 주었지요. 요는 처음부터 나를 따라 치수를 도왔고, 새와 짐승과 이민족의 언어를 이해했으며, 도중에 마주친 모든 것을 기록했습니다. 나는 그에게 '익益'이라는 이름을 하사했습니다. 훗날 사람들은 그를 '백익伯益'이라는 존칭으로 불렀습니다.

거대한 정에서 눈에 잘 띄지 않는 부위에는 나와 도산씨의 이야기를 새기게 했습니다. 우리가 함께한 꿈과 사랑을 남긴 것이지요. 다만 전쟁에 대해서는 새기지 않았습니다. 갖가지 고난과 악, 희생에 대해서도 새기지 않았지요. 미래를 위해 좋은 것들만 남기고 싶었기 때문입니다. 정은 유한한 생명의 인간보다 훨씬 오래갈 것입니다.

내 이야기는 여기에서 끝납니다. 나는 곤의 아들로 태어나 홍수를 다스리고 길을 만들었습니다. 사람들의 마음에 희망의 불씨를 지폈고, 중국 최초의 국가 하나라를 세웠습니다. 내가 터전을 닦은 곳에서는 이후 수많은 국가와 제국이 융성하고 쇠퇴할 것입니다. 이제부터 신화 시대가 막을 내리고, 본격적으로 인간의 역사가 펼쳐질 것입니다.

중국인들은 왜 정鼎을 만들었을까?

고대 중국에서 세 발 달린 솥 정은 단순히 그릇이나 향로가 아니었습니다. 하늘의 뜻을 받아 나라를 다스릴 자격을 갖춘 사람을 상징하는 귀중한 보물이었습니다. 정을 소유하고 제사를 주관할 수 있다는 것은 곧 천명을 받은 통치자라는 뜻이었지요.

전설에 따르면 우는 천하의 금속을 두루 모아 아홉 개의 정을 만들었다고 합니다. 이 구정에는 온 나라의 산과 강, 백성과 제도가 새겨졌다고 전해지는데, 이는 정이 곧 천하를 상징하는 물건이었음을 의미합니다. 이후 왕조가 바뀔 때마다 지배자는 자신의 권력을 공고히 하기 위해 새로운 정을 만들거나 기존에 있던 정을 차지하려 했습니다.

정에 다리가 세 개인 것도 의미가 있습니다. 세 개의 다리는 솥을 가장 안정적으로 지탱해주며, 고대 중국에서는 이를 하늘과 땅, 사람의 조화로 해석했습니다. 정은 단순한 솥이 아니라 혼돈의 시대가 끝나고 새 왕조가 등장하며 통치와 질서의 시대가 시작되었음을 알리는 상징이기도 합니다.

❖ 상나라 때 주조된 정鼎

고대 중국인들에게 정은 단순히 발이 세 개인 솥 그 이상의 의미가 있었다. 새로운 시대와 왕조의 정당성을 담은 귀한 보물이자 통치자의 권력을 뜻하는 물건이었다.

대우의 목소리가 강산에 울려 퍼지자
상고 시대의 신화는 멀리 사라지고
문명이 점차 장관을 이루었네.

중화의 각 민족이 서로 융합하고,
민족 국가가 처음으로 등장했다네.
역사의 새로운 장은
장강과 황하를 따라 장대히 펼쳐지리라!

부록 · 중국 왕조 연대표

장대한 중국 신화는 우(대우)의 이야기에서 매듭을 짓습니다. 홍수를 다스리고 천하의 질서를 세운 우는 신과 인간의 경계를 잇는 마지막 존재였으며, 그의 등장은 신화에서 역사로 넘어가는 시대의 전환점으로 이해됩니다.

기원전 2070년경 세워진 하나라부터 수많은 왕조를 거쳐 1900년대 초에 멸망한 청나라까지, 기나긴 중국의 역사는 오늘날 중국 문화와 사회를 이해하는 데 중요한 틀이 됩니다.

구분	왕조/시대	연대
고대	하夏	BC 2070~BC 1600
	상商	BC 1600~BC 1046
	주周	BC 1046~BC 256
	서주西周	BC 1046~BC 771
	동주東周	BC 770~BC 256
	춘추春秋	BC 770~BC 476
	전국戰國	BC 475~BC 221
통일 제국	진秦	BC 221~BC 206
	한漢	BC 206~AD 220
	전한前漢	BC 206~AD 9
	신新	9~23
	후한後漢	25~220
분열기	삼국三國	220~280
	위魏	220~266
	촉蜀	221~263
	오吳	229~280
	진晉	265~420
	서진西晉	265~316
	동진東晉	317~420
	남북조南北朝	420~589
	남조南朝	420~589
	북조北朝	439~581

드디어 만나는 중국 신화

재통일	수隋	581~618
	당唐	618~907
재분열	오대십국五代十國	907~979
	오대五代	907~960
	십국十國	902~979
중세 제국	송宋	960~1279
	북송北宋	960~1127
	남송南宋	1127~1279
	요遼	916~1125
	서하西夏	1038~1227
	금金	1115~1234
후기 제국	원元	1271~1368
	명明	1368~1644
	청淸	1636~1912

중국 신화 비판적으로 읽기

중국 신화에 대하여

우리나라 사람 중에 중국 신화 속 대표 인물이나 사건에 대해 하나라도 아는 사람이 얼마나 될까? 중국이라는 나라는 낯설지 않지만 중국 신화는 생소한 이들이 대부분일 것이다. 중국 신화를 접할 기회가 없었으니 당연한 일이다. 다른 신화와 비교해보면 중국 신화에 대한 우리의 무지와 생소함은 더욱 두드러진다. 청소년 만화 시리즈나 영화 등으로 심심찮게 접할 수 있었던 그리스 로마 신화나 북유럽 신화에 비해 중국 신화는 호기심을 가지고 찾아보지 않는 이상 그 존재를 알기조차 어려운 것이 현실이다.

대부분의 사람들이 책으로 접한 그리스 신화는 아마 토머스 불핀치의 작품일 것이다. 그는 기존의 여러 신화 이야기들을 체계적이고 종합적으로 정리해 책으로 펴냈다. 애초에 그리스 신화는 고대의 음유 시인들에 의해 구전되다가 훗날 문자로 기록되었는데, 호메로스의 『일리아스』와 『오디세이아』, 헤시오도스의 『신통기』 등이 대표적인 원전이다. 이들 원전에 나온 여러 이야기들을 잘 모아 짜깁기한 것이 불핀치의 『그리스 로마 신화』다.

만약 독자 중에 중국 신화에 관한 책을 읽어본 이가 있다면 아마 그 책은 위안커袁珂의 『중국신화전설 1, 2』(민음사, 1999)일 것이다. 이 작품 역시 원전을 잘 짜깁기한 결과물이다. 그런데 위안커의 작업은 불핀치의 작업보다 훨씬 난이도가 높았다. 위안커가 다루어야 할 원전은 그 규모가 너무나 방대했다. 중국 신화 자료가 가장 많이 담긴 『산해경』을 비롯해 『목천자전』, 『시경』, 『초사』 등 문학 작품, 『상서』, 『좌전』, 『국어』, 『사기』 등 역사 기록, 『관자』, 『한비자』, 『맹자』, 『순자』, 『묵자』, 『장자』, 『여씨춘추』, 『회남자』 등 제자백가서, 그밖에도 신화적 요소가 들어가 있는 모든 문헌이 작업 대상이었다.

중국에 신화라는 개념이 서구로부터 들어온 20세기 초, 중국 학자들이 가장 먼저 해야 했던 일은 신화를 발굴하는 것이었다. 그들은 고대 문헌에서 소위 '신화'라 할 수 있는 것들을 '선별'했다. 그렇게 선별된 중국 신화는 체계성이 결여된 파편화된 조각과 같았다. 중국 신화의 빈약함과 단편성은 국가의 열등함으로 간주될 우려가 있었기에 당시 중국 학자들은 이를 불식시킬 적절한 답을 모색했다. 그들은 중국 신화가 원래 풍부했으나, 신화의 역사화가 너무 빨리 진행된 탓에 신화가 체계화될 기회를 놓쳤을 뿐이라고 설명했다. 중국의 대표적인 현대 작가이자 평론가인 마오둔茅盾은 중국 신화가 흩어져 사라지지 않았다면 그리스 신화를 능가했을지도 모른다며 안타까워했다. 중국에는 분명 위대하고 아름다운 신화가 존재했다고 그는 믿었다.

중국 신화가 본래 풍부했다면 그것을 되살릴 방법이 있을까? 마오둔의 아쉬움은 위안커에 이르러 해소되었다. 위안커는 다음과 같은 질문을 던졌다. "신화의 역사화 현상과 그 밖의 다른 이유로 흩어지고 사라져 단편적인 기록만 남은 중국 신화를 어떻게 정리해 나갈 것인가?"

그는 '역사'라는 물줄기를 따라 중국 신화를 빚어냈다. 천지가 개벽하고 인간이 창조되며 문명이 탄생하는 흐름대로 이야기를 정리한 끝에, 반고의 천지개벽부터 곤과 우의 치수에 이르기까지 체계화된 중국 신화가 마침내 위안커의 손에서 탄생하게 된다. 위안커는 단편적으로 존재하던 중국 신화를 '부서진 조각들'에 비유하며 '그 조각들을 고대에 원래 실제로 있어야 했지만 없었던 옛 병이 되도록 하는 것'이 자신의 작업이라고 했다. '옛 병의 진실성은 단지 최대한 진실된 자료들을 사용해 합리적인 추론 속에서 모방한 창조일 뿐'이라고도 덧붙였다. '합리적인 추론 속에서 모방한 창조'는 마침내 중국 신화의 결핍('중국 신화학자의 결핍감'이 더 정확한 표현일 것이다)을 충족시켜 주었고 '중국에도 풍부하고 체계적인 신화가 있다'라는 믿음이 진실이었음을 확인시켜주었다. 중국 신화는 그렇게 풍부하고 체계적인 이야기로 재탄생해 중국 민족의 신화로 자리를 잡았다.

중국 신화의 정체성에 관한 질문은 20세기 초 중국 신화학의 탄생기에 시작되어 한 세기가 지난 오늘날에 이르기까지 계속되고 있다. 오늘날의 중국은 서구의 패러다임을 그대로 수용하고 모방하던 이전과는 다르다. '중화中華'의 세계가 도래하고 있다는 기대감과 맞물려 중국의 시각으로 학문의 새로운 판을 짜고자 하는 움직임이 오늘날 중국 신화학에서 두드러진다. 최근 중국 신화학계에서 가장 눈에 띄는 대표 학자는 예수셴葉舒憲이다. 그는 신화와 역사가 분리되지 않았다는 의미에서 '신화역사'라는 용어로 중국 신화를 지칭하며 중국의 뿌리를 탐색하고자 한다. 그를 비롯한 중국의 주류 신화학자들은 문헌 자료뿐만 아니라 실물과 도상 자료의 중요성을 강조한다. 역사와 신화를 더 긴밀히 연결하려는 것이다. 일찍이 위안커가 문헌을 바탕으로 빚어낸 중국 신화라는 옛 병이 이제 실물과 도상 자료에 힘입어 더 단단해지고 화려해지는 중이다.

중국 신화는 어떻게 중화와 만나는가

오늘날 중국 신화는 그야말로 풍부해졌다. 신화의 정체성에 대한 근원적인 트라우마가 말끔히 해소되었다고 할 정도로, 중국 신화학계의 성과는 눈부시다. 이 책은 그런 흐름을 대변하고 있다. 이 책의 중국어판 원제는 『개천벽지開天闢地: 중화창세신화미문삽도본中華創世神話美文揷圖本』으로 중국의 창세 신화에 관한 글과 삽화가 함께 담겨 있다는 뜻이다. 신화에 삽화를 더한 것이 일견 자연스러워 보인다. 삽화 덕분에 신화가 더 친근하게 전달되는 것도 사실이다. 그런데 이게 다가 아니다. 책에는 신석기 시대부터 오늘날에 이르기까지 실물과 도상 자료가 포함된 삽화가 대거 실려 있다. 가장 이른 시기의 자료는 거북 배딱지의 새김 기호로, 기원전 6500년경의 것으로 추정된다. 책의 수많은 삽화와 이미지 자료는 오늘날까지 무려 8,500년에 걸쳐 이어진 중국의 역사를 생생하게 전달하고 있는 셈이다.

책을 번역하며 원제에 담긴 '중화'라는 단어에 주목하지 않을 수 없었다. 이 책은 중국 창세 신화를 주제 삼아 추진된 문화 프로젝트의 결과물 중 하나다. 중국공산당 상하이 시위원회 선전부에서 추진한 이 프로젝트의 명칭은 '중화 창세신화 문예창작과 문화 전파 프로젝트'(이하 중화 창세신화 프로젝트)다. 중국의 창세 신화를 체계적으로 연구하고 정리해 신화의 각도에서 '중화 문명 기원'의 전모를 밝힌다는 취지의 프로젝트로, 궁극적으로 '중화민족의 위대한 부흥'을 뒷받침한다는 목적을 지닌다. 상하이 당국은 이 프로젝트가 중화 문화의 뿌리를 다지고 상하이 문화를 진흥시킬 선구적인 프로젝트라고 평가하며 관련 학자와 예술가를 전폭적으로 지원했다.

이 책의 「들어가며」에서 언급한 자오창핑은 중화 창세신화 프로젝트의 핵심 인물로, 그의 학술 연구는 『개천벽지開天闢地: 중화창세신화고술中華創世神話考述』이라는 저서로 출간되었다. 이 저서는 앞서 출간된 그의 『중화창세기中華創世記』(공저)와 마찬가지로, 하늘과 땅을 연 반고부터 하나라를 세운 우에 이르는 신화를 다루고 있다. 자오창핑의 저작을 참고한 이 책 역시 반고부터 우에 이르는 신화를 담고 있다. 이 세 권의 책에 공통적으로 '중화'라는 단어가 들어간 것은 우연이 아니다. 자오창핑의 두 책은 '중화민족 창세 신화의 체계를 구축했다', '근원을 탐구해 중화민족의 정체성을 다시 빚어냈다' 등의 평을 받는다.

이 책과 '중화'는 어떤 관계가 있을까? 「들어가며」에서는 중국 고대 신화의 영웅이 중화민족의 정신을 빚어냈으며, 중화 문명 역시 서양의 그리스 로마 신화에 상응하는 풍부한 전통을 지니고 있음을 강조했다. 중화민족의 정신을 빚어낸 신화 영웅을 부각하고, 중화 문명을 펼쳐 보이는 것이 이 책의 취지인 셈이다.

중화는 역사와 문명을 포괄하는 개념이다. 중국이 스스로를 가장 오래되고 가장 뛰어난, 세상의 중심으로 표현하기 위해 사용하는 단어이기도 하다. 1부의 시작 부분에서는 '중화의 창세 신화, 펼치는 장마다 비할 데 없이 훌륭하도다!'라는 문장이 나온다. 이어 반고의 천지개벽부터 우의 치수와 건국까지 여러 이야기가 전개된다. 그리고 4부의 끝부분에서는 '중화의 각 민족이 서로 융합하고, 민족 국가가 처음으로 등장했다네'라는 구절이 나온다. 언뜻 보기에는 '중화'를 '중국'으로 바꾸어도 무방할 듯싶으나, '중화민족의 위대한 부흥'을 부르짖고 있는 오늘날 중국은 '중화'라는 단어를 고집스럽게 소환하고 있다. 신화가 민족과 국가의 정체성과 긴밀히 연결되어 있기에 이 책의 성격을 고려해 '중화'라는 단어를 살려 번역했다.

이 책을 읽는 법

그렇다면 한국 독자 입장에서는 이 책을 어떻게 읽는 것이 좋을까? 이 책의 저자인 황더하이, 샹징, 장딩하오는 모두 상하이에서 활동하고 있는 작가다. 학자가 아닌 작가가 쓴 신화 이야기이기에 더 흥미롭게 읽히는 지점이 많다. 저자들의 상상력도 많이 개입되어 있는데, 그중 가장 도드라지는 부분은 4부에 실린 우의 이야기다. 원전 자료를 잘 이어 맞추는 것만으로는 얻기 힘들 정도로 많은 분량으로, 작가적 상상력으로 새로운 신화를 써냈다고 해도 과언이 아니다. 우의 신화를 일인칭 시점에서 풀어낸 형식 역시 독특한데, 저자들은 책의 통일성이 깨지더라도 먼 조상의 내면을 섬세하게 묘사하기 위해 이런 형식을 채택했다고 한다.

일찍이 위안커는 '이어 붙이기'와 '녹여 만들기'의 방법으로 중국 신화를 정리하였다. 이어 붙이기가 최소한의 가공으로 이루어진 '다시 쓰기'라면, 녹여 만들기는 상당한 가공이 더해진 '다시 쓰기'다. 여기저기에 단편적으로 흩어진 신화 자료를 모아서 이야기의 맥락에 따라 잘 짜깁는 작업이 이어 붙이기라면, 원전에는 없지만 그럴 법한 내용을 만들어내 단편적인 자료들과 잘 버무리는 작업이 녹여 만들기라 하겠다. 위안커는 자신의 작업 대부분이 이어 붙이기에 해당하고 녹여 만들기는 극히 일부에 한정되었다고 했다. 그는 녹여 만들기 작업은 가능할뿐더러 반드시 해야 하는 일이라고 하면서, 단편적이지만 아름다운 신화 자료들이 합쳐져 웅대한 신화가 탄생하는 것은 사람들의 희망이자 장래에 실현 가능한 일이라고 역설했다.

「들어가며」에서 저자들은 '다시 쓰기'를 통해 고대 신화가 끊임없이 창조되면서 활력을 유지할 수 있다고 강조했다. 고대 그리스 신들의 계보를 빚어낸 호메로스와 헤시오도스처럼, 이 책의 저자들도 중국 신화를 빚어내는 음유 시인이 되길 꿈꾼 듯하다. 이들의 작업이 성공적인지에 대한 판단은 독자들의 몫이리라.

신화란 무엇일까? 중국 신화를 전공한 나에게도 여전히 답하기 어려운 질문이다. 이반 스트렌스키의 지적처럼 '신화'라는 단어는 존재할 수 있지만 그 단어가 지칭하는 대상은 너무 많기도 하고 모순적이어서, '신화'라는 이름을 가진 '어떤 실체'가 존재한다고 할 수는 없다. 그래도 가장 설득력 있는 정의를 내려보자면, 이반 스트렌스키의 저서 『20세기 신화 이론』(이학사, 2008)에 나온 글처럼 "신화는 우리가 '선별해낸cut out' 어떤 특별한 실재를 가리키는 것이지, '저절로 드러난stand out' 어떤 사물을 가리키지 않는다".

이 책에 실린 중국 신화를 비롯해 신화를 표방하는 모든 신화는 선별의 결과다. 수많은 이야기 중 어떤 것은 선택되어 기록되고, 다른 것은 배제되어 잊힌다. 이 책에 실린 신화들도 수많은 이야기 중에서 운 좋게 선택되어 잘 매만져졌을 따름이다.

이 책은 독자들이 지금의 중국을 이해하는 데에 유용한 길라잡이가 되어줄 것이다. 현재 중국은 자국의 전통 신화를 통한 소프트 파워의 성장에 고무되어 있다. 전 세계적으로 많은 이들의 사랑을 받은 게임 〈검은 신화: 오공〉(2024)과 애니메이션 영화《너자 2》(2025)는 중국 신화를 현대적으로 재해석한 전형적인 사례다. 하늘의 천궁을 뒤집어놓은 손오공과 바다의 용궁을 뒤집어놓은 나타哪吒(너자)는 중국 신화의 형천, 치우 등과 같은 반항신의 계보를 잇는 캐릭터다. 오늘날 중국 신화와 우주 과학의 절묘한 랑데부도 눈여겨볼 지점이다. 중국의 달 탐사선 '항아', 화성 탐사선 '축융', 태양 관측 위성 '과보'와 '희화'는 각각 신화에서 달로 날아간 여신, 불의 신, 태양을 뒤쫓은 거인, 태양을 낳은 여신의 이름이다. 이처럼 중국의 오랜 신화와 최첨단 과학을 연결함으로써 중국인의 문화적 자긍심을 고취시키고 '위대한 중국'이라는 스토리텔링을 강화하는 것이다.

세계 정치와 경제, 과학과 문화뿐만 아니라 모든 분야에 걸쳐 중국의 입김이 세지면서 우리는 앞으로 점점 더 자주 중국 신화를 접하게 될 것이다. 그 매개는 책일 수도, 영화일 수도, 게임일 수도, 공연일 수도, 미술 작품일 수도 있다. 이 책을 통해 중국 신화에 대한 배경지식을 쌓아둔다면 다양한 형태로 변주된 중국 신화와 문화를 더 쉽게 이해할 수 있을 것이다. 뛰어난 작가들의 손에서 탄생한 흥미로운 이야기와 수천 년에 걸친 생생한 이미지 자료만으로도 읽을 가치가 충분한 책이다. 여기에 독자들의 비판적인 시각만 더해진다면 금상첨화일 듯싶다. 그리스 신화를 즐기듯 중국 신화를 즐기되, 중국 작가들이 전달하는 '중화'라는 메시지는 비판적인 시각으로 필터링하며 읽어보시길 당부드린다.

22쪽 ⓒ Feng Yuan

24쪽 Public Domain

27쪽 ⓒ Dunhuang Academy Gansu Province

30쪽 ⓒ 국립중앙박물관

32쪽 ⓒ Hunan Provincial Museum

34-35쪽 ⓒ Museum of Fine Arts Boston

38쪽 ⓒ Palace Museum Taibei

39쪽 ⓒ Palace Museum Taibei

40-41쪽 sucai.redocn.com

44-45쪽 ⓒ Palace Museum Beijing

47쪽 ⓒ Shi Dawei

49쪽 ⓒ Xu Beihong Memorial Hall

50쪽 ⓒ Palace Museum Beijing

56-57쪽 ⓒ Liu Danzhai

59쪽 ⓒ National Library of France

60쪽 ⓒ Hebei Museum

61쪽 ⓒ Palace Museum Taibei

62쪽 ⓒ Metropolitan Museum of Art New York

65쪽 ⓒ Sanxingdui Museum Sichun Province

66쪽 Public Domain

68쪽 ⓒ Li Chaohua

69쪽 ⓒ Shaanxi History Museum

70쪽 ⓒ Liaoning Provincial Museum

71쪽 ⓒ Palace Museum Taibei

74쪽 상,하 ⓒ Luoyang Museum of Ancient Art Henan Province

77쪽 ⓒ Hunan Provincial Museum

81쪽 ⓒ Hemudu Ruins

86쪽 ⓒ Palace Museum Taibei

87쪽 좌,우 Public Domain

89쪽 Public Domain

90쪽 ⓒ Palace Museum Taibei

91쪽 ⓒ Zhencheng Building

93쪽 ⓒ Confucius Museum Qufu Shandong Province

95쪽 좌,우 ⓒ Hubei Provincial Museum

98-99쪽 ⓒ Osaka City Museum of Fine Arts

100쪽 Public Domain

101쪽 Public Domain

102쪽 ⓒ Henan Museum

106쪽 ⓒ Hunan Provincial Museum

109쪽 상,하 ⓒ Nanjing Municipal Museum

110쪽 ⓒ Nanjing Municipal Museum

112쪽 상 ⓒ Metropolitan Museum of Art New York

112쪽 하 ⓒ Palace Museum Taibei

113쪽 ⓒ Palace Museum Taibei

119쪽 ⓒ Freer and Sackler Galleries Washington D.C.

123쪽 ⓒ Wulian Family Ancestral Hall Jiaxiang County Shandong Province

124쪽 ⓒ Sichuan Museum

127쪽 ⓒ Palace Museum Taibei

131쪽 상 ⓒ Palace Museum Taibei

131쪽 하 ⓒ Hubei Provincial Museum

133쪽 ⓒ Palace Museum Taibei

136-137쪽 ⓒ Water God Temple Hongtong County Shanxi Province

139쪽 ⓒ He Xiaowei

142-143쪽 ⓒ Liaoning Provincial Museum

145쪽 ⓒ Shanghai Museum

151쪽 ⓒ Ma Xiaojuan

154쪽 ⓒ Jia Bofeng

155쪽 ⓒ Gary Todd / Flickr

159쪽 ⓒ National Museum of China

161쪽 ⓒ Palace Museum Taibei

163쪽 ⓒ Emperor Qin Shihuang's Mausoleum Site Museum

167쪽 ⓒ The Cleveland Museum of Art

169쪽 ⓒ Shaanxi History Museum

171쪽 ⓒ Dunhuang Academy Gansu Province

172쪽 ⓒ Shaanxi History Museum

174쪽 Public Domain

175쪽 ⓒ Chunhuage Tie

178쪽 상 ⓒ Henan Museum

178쪽 하 ⓒ Shaanxi History Museum

181쪽 상 ⓒ Henan Museum

181쪽 하 ⓒ Hebei Museum

183쪽 ⓒ Shaanxi History Museum

184-185쪽 ⓒ Hubei Provincial Museum

188쪽 ⓒ National Museum of China

190쪽 ⓒ Dunhuang Academy Gansu Province

191쪽 ⓒ Palace Museum Taibei

193쪽 ⓒ Zhang Peicheng

198쪽 ⓒ Palace Museum Beijing

201쪽 ⓒ Palace Museum Taibei

202쪽 ⓒ Palace Museum Beijing

207쪽 ⓒ Luo Ling

210쪽 ⓒ Sichuan Museum

213쪽 ⓒ Sichuan Museum

216쪽 ⓒ Sichuan Museum

217쪽 ⓒ Metropolitan Museum of Art New York

219쪽 상 ⓒ Palace Museum Beijing

219쪽 하 ⓒ Palace Museum Taibei

221쪽 ⓒ Palace Museum Taibei

225쪽 ⓒShi Dawei

229쪽 ⓒ Henan Museum

230쪽 ⓒ Palace Museum Beijing

233쪽 ⓒ Sanxingdui Museum Sichuan Province

236-237쪽 ⓒ Hall of the Daoist Trinity Yongle Palace

239쪽 ⓒ Xu Zengying

241쪽 ⓒ Dunhuang Academy Gansu

Province

244쪽 ⓒ Sanxingdui Museum Sichuan Province

252쪽 ⓒ National Museum of China

253쪽 ⓒ National Palace Museum Taibei

255쪽 ⓒ Palace Museum Taibei

262쪽 ⓒ Palace Museum Beijing

267쪽 ⓒ Bibliothèque nationale de France

268쪽 좌 Public Domain

268쪽 우 ⓒ Hong Kong Museum of Art

272쪽 ⓒ Hanzhong City Museum Shaanxi Province

274쪽 ⓒ National Library of China

276-277쪽 ⓒ Metropolitan Museum of Art New York

283쪽 ⓒ Palace Museum Taibei

286쪽 ⓒ Henan Museum

289쪽 ⓒ Shanghai Museum

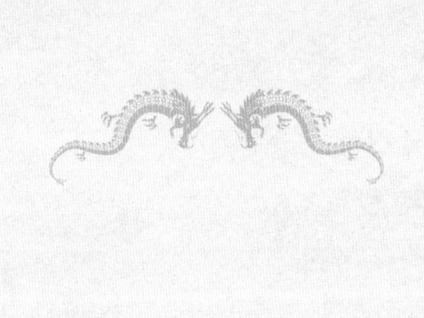

드디어 시리즈

드디어 만나는 중국 신화

1판 1쇄 발행 2026년 3월 27일

지은이 황더하이, 샹징, 장딩하오
옮긴이 이유진
발행인 박명곤 **CEO** 박지성 **CFO** 김영은
기획편집1팀 채대광, 백환희, 이상지, 김진호
기획편집2팀 박일귀, 이은빈, 강민형, 박고은
기획편집3팀 이승미, 김윤아
디자인팀 구경표, 유채민, 윤신혜, 권지혜
마케팅팀 임우열, 김은지, 전상미, 이호, 최고은

펴낸곳 (주)현대지성
출판등록 제406-2014-000124호
전화 070-7791-2136 **팩스** 0303-3444-2136
주소 서울시 강서구 마곡중앙6로 40, 장흥빌딩 10층
홈페이지 www.hdjisung.com **이메일(문의/제휴)** support@hdjisung.com
제작처 영신사

ⓒ 현대지성 2026

※ 이 책은 저작권법에 따라 보호받는 저작물이므로 무단 전재와 복제를 금합니다.
※ 잘못 만들어진 책은 구입하신 서점에서 교환해드립니다.

"Create Curious Contents"

현대지성은 호기심 어린 마음으로 작가님의 원고를 기다리고 있습니다.
원고 투고는 togo@hdjisung.com으로 보내주시면, 정성껏 검토 후 연락드리겠습니다.

 현대지성 홈페이지

이 책을 만든 사람들
기획 이상지 **편집** 이상지, 채대광 **디자인** 윤신혜